1%のやる気があ　れる!

見た目リセット ダイエット

Reset diet

たろにぃ

監修・脇田　行

KADOKAWA

はじめに

こんにちは！　ダイエットアドバイザーのたろにぃです！

みなさんはダイエットにおいて一番大切なことって何だと思いますか？

僕も実は、何度もダイエットを失敗してきました。

学生の頃からの不摂生な食事が原因で、体重が１年ちょっとで 12kg 増えてしまいました。周りから「太ったね！」「病気なの？」といわれるようになり、「なんとかヤセないと」と思い、いろんなダイエットに挑戦しました。

ですが、ことごとく続かず失敗。

何度も失敗する中で気づいたことは、

「失敗するときは
いつもやめてしまったときだ」

ということでした。

そして何度も失敗した僕が気づいたことは、ダイエットで最も大切なことは

「簡単すぎて失敗しようがないこと」を
毎日続けることだったんです。

この本の中では、まさに簡単にできて失敗しないような
ダイエットの習慣を紹介していきます。全部をやる必要はありません。

効果を感じて楽しくなってきたら、色々取り組んでみてください。

僕はこの本を通じて、みなさんを目標体型まで必ず連れていきます！

たろにぃ

T★CREW
YOU ONLY FAIL WHEN YOU STOP TRYING.

CONTENTS

002 はじめに

008 Prologue

020 STEP1
見た目リセットのための
ダイエットルーティン

032 エクササイズ前に!
動的ストレッチで効果アップ!

034 14日間トレーニングスタート!

038 STEP2
1DAY——7DAY
BASIC 基本を作る1週間

040 1DAY お腹まわりをへこまそう

044 2DAY 下半身をすっきり見せる

048 3DAY お腹とお尻を鍛えよう!

052 4DAY 内ももとお腹をヤセさせる!

056 5DAY 全身を動かしてスリムに

060 6DAY とにかく腹筋を鍛える!

064 7DAY 骨盤まわりを引き締めよう!

068 STEP3

8DAY—14DAY

ADVANCED 勝負の1週間

070 8DAY 二の腕をキレイに見せよう

076 9DAY 下半身トレーニング＆有酸素運動を制覇!

082 10DAY ウエストのくびれを作る!

088 11DAY 有酸素運動でがっつりヤセる!

094 12DAY お腹をしっかり鍛える

CONTENTS

100 **13DAY** お腹まわりをシェイプ

106 **14DAY** 全身を動かして仕上げる!

112 エクササイズのあとは!
静的ストレッチをしよう

114 **Diet Column1**
体験者に聞いたリアルコメントを大公開
私たち、「見た目リセットダイエット」しました!

116 **Diet Column2**
体づくり期の食事をキャッチ!
たろにぃのリアル食事日記

118 **Diet Column3**
ダイエットにも効果あり!
たろにぃの「好物」を教えて!

120 **Diet Column4**
プライベートをちょっとのぞき見!
たろにぃ愛用アイテムCollection

122 **Diet Column5**
普段は話さないようなことを聞いちゃいます!
たろにぃの素顔に迫るQ&A

124 おわりに

126 **Special Thanks**
たろにぃさん初著書制作を
応援してくれたみなさん

※本書で紹介しているエクササイズで体調がすぐれない、または体に異変を感じた方や、持病や疾患のある方は、医師に相談の上、ご自身の判断で行っていただけますようお願いいたします。

※ページにある二次元コードを読み込むと、各ページのエクササイズ等の動画を見ることができます。たろにぃさんが実際に動きながら解説してくれているので、ぜひチェックしてみてください。

※P120〜121で紹介しているアイテムは、著者私物です。販売が終了している場合もあります。お問合せはお控えください。

STAFF

ブックデザイン	今泉誠（imaizumi design）
撮影	西尾豊司（Rongress.inc）
動画撮影	島本絵梨佳
DTP	山本秀一、山本深雪（G-Clef）
校正	文字工房燦光
制作協力	クレメア
編集協力	弓削桃代

Prologue

誰でも理想の「見た目」を目指せる！

ダイエットを始めるとき、みなさんはどういう風に目標設定をしますか？　体重を今より減らしたい、ウエストにくびれを作りたい、などさまざまあると思います。**僕は見た目に重点を置くことが大切**だと思っています。だから、着てみたいけど、今はサイズが合わない服を買う。そしてそれを飾っておけるなら部屋に飾っておく。こうすることで、これを着るために私はダイエットしているんだと、毎日刷り込みできます。また、一度着てみて二の腕がキツイ、ウエストが入

らないということがあればそれが自分のヤセポイント。そこを重点的にトレーニングすればキレイに着られるので、達成したら満足感もかなり得られると思います。ちなみに僕は、GACKTさんがすごく好きで、GACKTさんみたいな体になりたいと思って筋トレを始めました（笑）。そのときは、GACKTさんの写真をスマホの待ち受けにしていました。要は、**ダイエットを意識させるものを日々の生活の中でいくつ身の回りに置けるかが重要**だと思います。

自分が着たい服を買おう

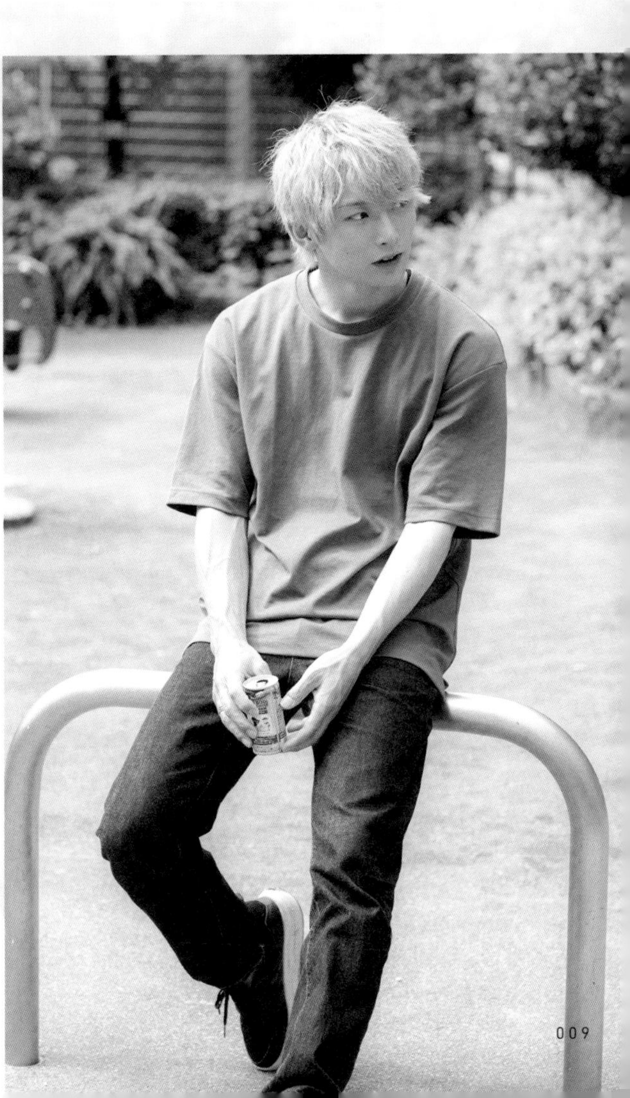

体重はただの数字
あくまでも
「見た目」重視で！

体重って自己申告制だと思っています。計ってそれを誰かにいわないと伝わらない。自分にしかわからない。計らなかったら自分でさえもわからない。でも**鏡で見る姿は、誰が見てもわかるもの**。体重は計って申告しないとわからないから、それだったら見た目を重視したほうがいいですよね。体重は食べたものや水分ですぐに変化するので、それで一喜一憂するのはすごくもったいない。体重は確かに数字として出るのでわかりやすいですし、目安として毎日計ったほうがいいと思います。でも、**ダイエットを始めるときに、体重を計るだけではなく、一緒に二の腕とかお腹まわりの写真を撮ってほしいです。写真で残して、1ヶ月後、2ヶ月後どうなっているのかというのを見ていくのが、ダイエットとしては効果的だと思います。**

ダイエットに失敗するというのは、やらなくなること。それ以外でダイエットの失敗はないと思います。だから、僕がダイエットをする上で大切だと思うのが、**簡単すぎて失敗しようがないことを続けること。**では、毎日続けるためにはどうしたらいいでしょう?
僕が**「1日1回スクワットをしよう」**とおすすめしている理由は、これをやることで1日1回でも私はダイエットをしているということを思い出してほしいからです。この思いが、365日続けば、食事や生活の部分でもダイエットへの意識が高くなっていきます。たとえば、2回スクワットしてみようかなとか、ご飯の量を少し減らしてみようかなとか、その1回を思い出すだけでもそれが長期的に続いていけば、1日のいろんなシーンで、自然とダイエットのためになることを探し出せるはずです。

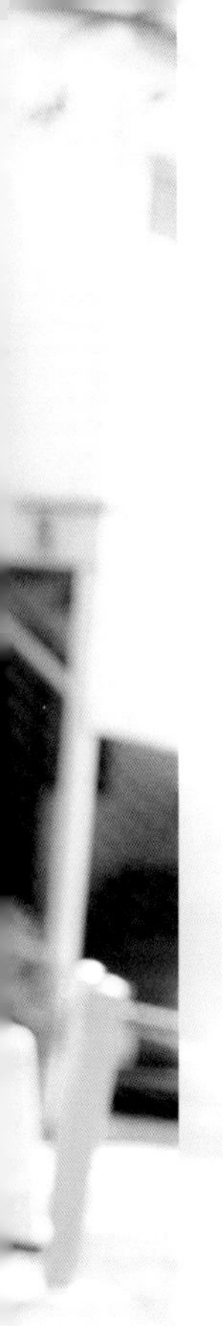

周りから見たらそんなのは意味ないんじゃないか、というようなことを**毎日続けることが大事。**毎日１回スクワットをして、もし自分がもっとやりたいと思ったら回数を増やしていけばいい。そこからどんどん派生していくと思うから。だから僕は、トレーニングで、「慣れてきたら２回にしないといけない」とはいいません。**生活の中でダイエットをしているという意識を持ち続けるため**の、“１日１回スクワット”です。そうすると、意識が変わっていくので、やる期間が長ければ長いほど、つまり続ければ続けるほど、積もり積もって、結果として出てくると思います。ダイエットのことを考えるようにしておくと、どんどんやりたいことも増えていきますよ。僕は今キックボクシングのジムに通っているのですが、目的はダイエットでしたが、通い始めたことで体を柔らかくしたいという新しい目標ができて、そのために夜寝る前にストレッチを始めました。いろんなことがつながっていく、そういう連鎖ができてくるとより楽しめると思います。

１日１回、ダイエットのことを意識する

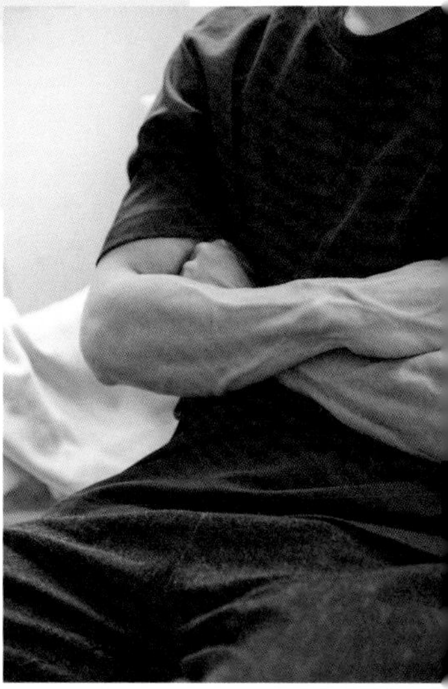

ダイエットをしている女性から間食をしてしまうというお悩みをよく聞きますが、**我慢できない自分が悪いのではなく、近くにお菓子があることが問題。**それをなくすために生活を変えてみましょう。そもそもお菓子を買える場所に行かない。仕事の帰り道についコンビニに寄ってしまうなら、ルートを変えて寄らずに帰るようにする。家に置かないという状況を作れない人、**どうしても何か食べたくなるという人は、食べるものに順番をつける。**まず、お腹が空いて何かを食べたくなったら最初からお菓子を食べるのではなく、プロテイン

を飲んでみる。それでも食べたかったら、バナナやたまごなど、栄養価の高いものを食べて、それでも食べたかったらするめとか低糖質、低カロリーのもの。それでもダメだったらお菓子を食べる、という風に。ここまでの段階で満腹になってくるのでお菓子まで到達する人はあんまりいないし、長期的にみて摂取カロリーはおさえられるし、**順番を守っているから、食べてはいるけどそこまでモチベーションは落ちない**んです。そういうシステムを自分で作っていくことも大切です。ダイエットは、我慢や精神力でどうにかなるものではないから、**我慢して闘うようなことはしないで、自分なりのヤセるシステムを作りましょう。**

たろにぃ見た目ヒストリー

22歳
75kg!

カップ焼きそばに追いマヨネーズが大好物で、過去最重量に！

25歳
68kg!

22歳の時よりはヤセているけどまだお腹がぽっこり。

僕がダイエットに目覚めたのは社会人になってすぐの21歳の頃。この頃、カップ焼きそばにマヨネーズを大量に入れて食べるのが大好きで、身長170㎝で体重が75kgとかなり太ってしまいました。周りからも太ったねといわれることが多くなったのがきっかけですね。僕の場合は、**体を鍛えたいという気持ちがあったので、プッシュアップを10回、毎日必ずやること**から始めました。100回は無理だったから、**まず必ず10回やる**ところから始めてみました。そうすると**意識が変わってきた**んです。僕は、プッシュアップ10回をやり始めてからプロテインを飲むようになって。プロテインを飲み始めたら、普段の食事でもタンパク質をとるというように、食事を気にするようになって、広がっていったんです。僕はダイエットをやっていて辛いと思ったことはありません。基本的に辛いことはしないし、辛いと思ったらやりすぎだと思っています。辛さに個人差はあると思うけど、**自分のペースで、アレンジしながら取り組んでみて**ください。

27歳 62kg

After

毎日の筋トレと
プロテインで
25歳から-6kgに成功!

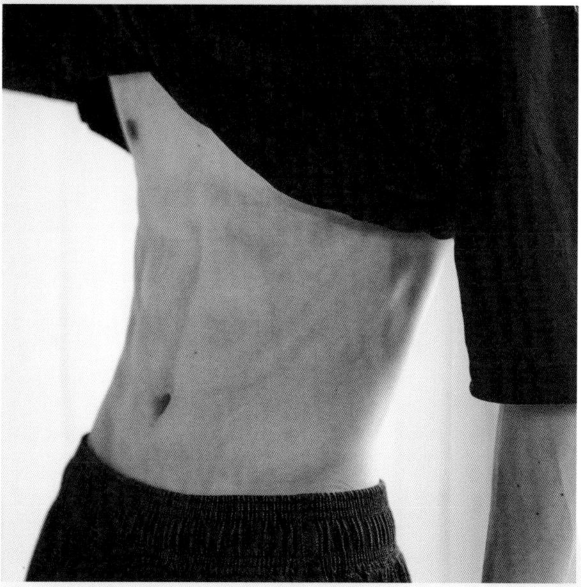

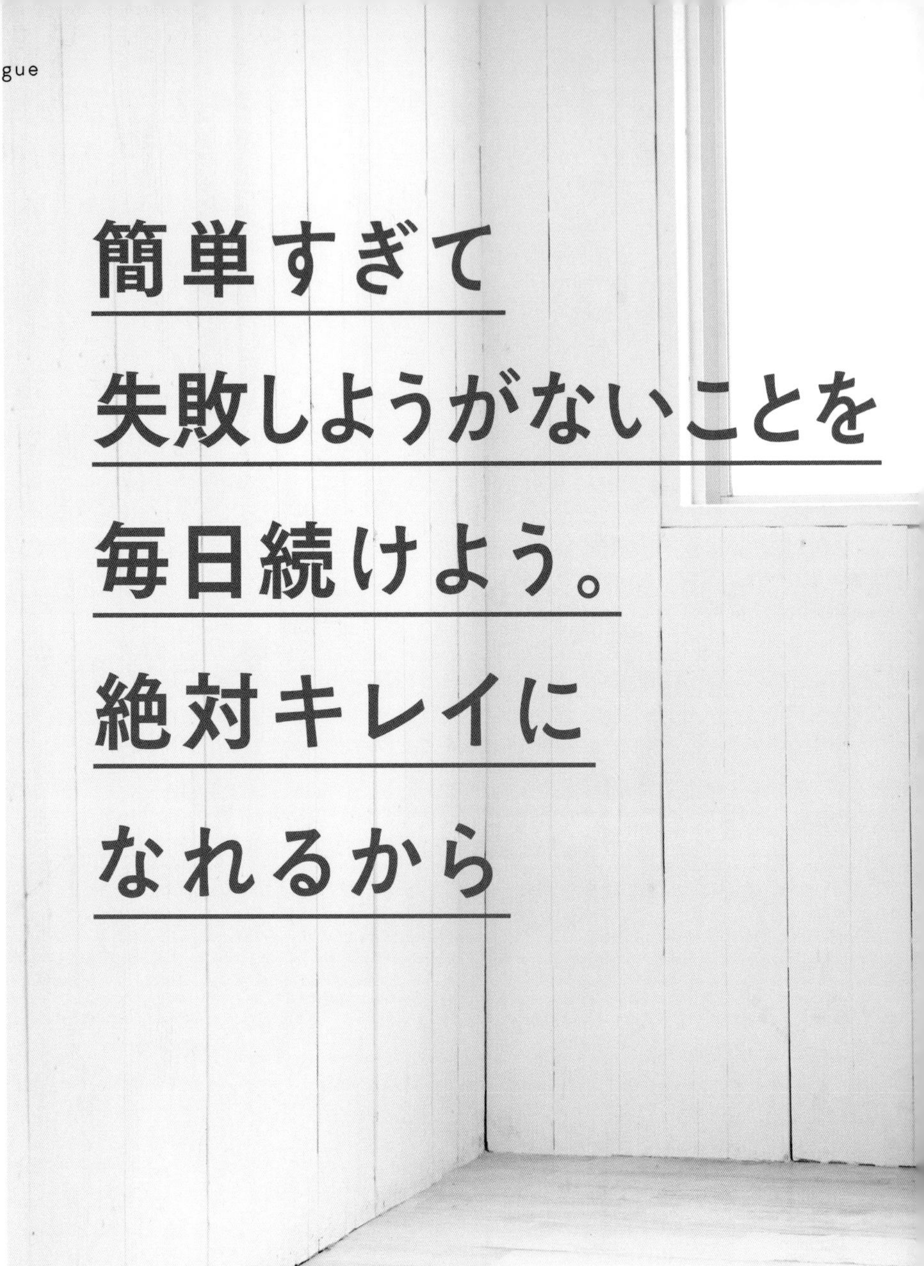

簡単すぎて
失敗しようがないことを
毎日続けよう。
絶対キレイに
なれるから

STEP1

見た目リセットのための
ダイエットルーティン

ダイエットを成功させるために、
まず、生活習慣を身につけておきましょう。
たろにぃさんが実践している
1日の過ごし方を紹介していきます。
朝、日中、夜でやっておくといいことを取り入れて、
ぜひルーティン化してみて。

YOU ONLY FAIL WHEN YOU

ヤセたいなら まずルーティンを 整える

簡単なことなら
続けられる!

ダイエットの
意識を
持ち続けよう

ヤセる体質を作るためには生活習慣の中で、
いくつかポイントがあります。
今回紹介する僕のルーティンを真似してもらえれば、
ヤセ体質に近づけるはず！　たとえば朝起きたら
白湯を飲む。こういう「考えなくてもできる
ような簡単なこと」なら、続けられるし、
習慣になることで体質が変わってきます。
がんばろうと思うと辛くなってしまうと思うから、
自分なりにアレンジを加えながら、
とにかく続けることを目標にしましょう。
そして、1日1回でいいから「自分はダイエットを
しているんだ」と意識を持つこと。
その意識を呼び起こすために、
ルーティンを身につけていきましょう。

ルーティン
1 朝起きたら白湯を飲む

目覚めたらマグカップ1杯の白湯を飲むのが、僕の朝習慣。白湯をゆっくり飲むことで、体の内側があたたかくなっていき、基礎代謝も上がります。寝ている間に体が乾くので水分補給のためにもおすすめ！

ゆっく〜り
飲もう！

ルーティン

2

腸もみをする

動画はここで
CHECK!

1

正座のポーズを

右手でろっ骨の下部分、左手で左側の骨盤横をつかみ、30秒もんでいく。

2

手を上下入れ替えて、反対側のろっ骨の下と骨盤横をつかむ。❶と同様にもむ！

3

下の方を

最後に両手を骨盤上にセットして、30秒もみます。ここをもむことで、腸の動きがよくなり、便通もよくなるはず！

トイレに
行って体重を
計ろう!
JAAA~NN!

ルーティン

3 モーニングストレッチ

動画はここでCHECK!

1

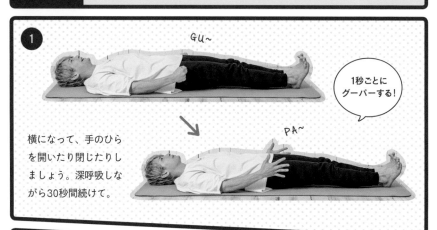

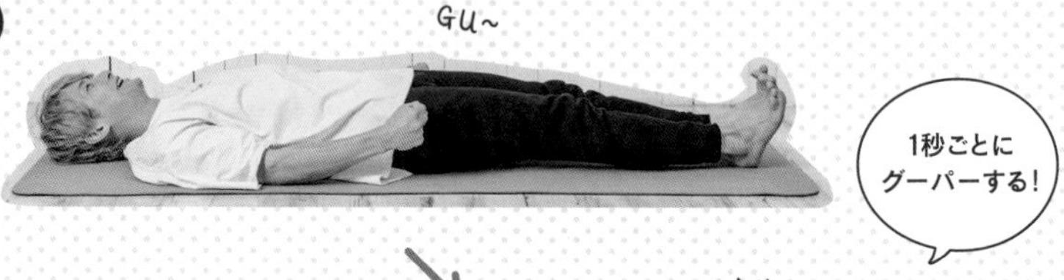

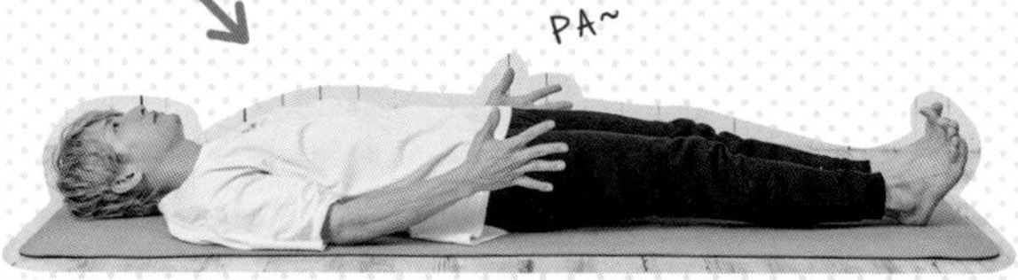

横になって、手のひらを開いたり閉じたりしましょう。深呼吸しながら30秒間続けて。

2

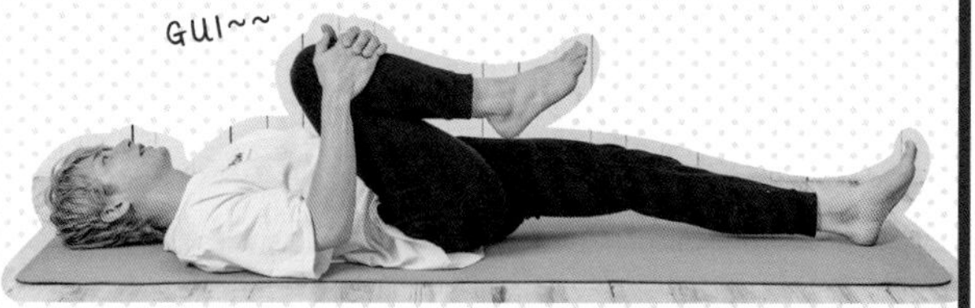

片脚を持って、ひざを胸に当てるイメージで引き寄せます。股関節がほぐれ、基礎代謝UP!

3

あぐらをかいて座り、片腕ずつ30秒間伸ばしていきます。上半身全体が伸びるように意識!

ルーティン

4

トイレに行ったら1回スクワット

START!
腕を胸の前で組んで

お尻を下ろす!
KEEP!

誰でも簡単にできることであれば、習慣になりやすい! 僕が推奨しているのは、トイレに行ったタイミングで1回スクワット。そうすると1日に4〜5回くらいできるから、1年続けたら、1000回以上スクワットできることになるよ。

ルーティン

5

お風呂に入る前にストレッチ

1

お尻を
ほぐそう

お風呂に入る前にぜひやってほしいのがお尻をほぐすストレッチ。片方の足首を引っ掛けて、引っ掛けた脚を抱え込むことで、グーッとお尻が伸びます！

2

代謝を
よくしよう

KEEP!

ワイドスクワットもおすすめです。脚を広めに開いてひざを外に向け、腰を落とせるところまで落としましょう。代謝が上がってヤセ体質に。

ルーティン 6

入浴は寝る90分前までに!

入浴は寝る60〜90分前に入るようにしましょう。そうすると、ベッドに入るときにちょうどよく体が冷えて、寝ている間に体内をあたためようと代謝が上がります。シャワーの場合は寝る30分前を目標に。

体をしっかり
あたためよう!
POKA
POKA
FU~

ルーティン

7

寝る前ストレッチをする

動画はここで
CHECK!

❶

開脚をして座り、右脚を曲げて左脚のつけ根につける。左のつま先を左手でつかむようにして伸ばす。右側も同様に！　各30秒。

❷

左脚を伸ばしながら、右脚を体の前で曲げてセット。このとき、右脚のひざの真横に足首が来るように。背中はまっすぐ上に。

❸

❷を左右行ったら、次はお腹を伸ばすストレッチ。寝転がって、両ひじをついて上半身を起こします。

4

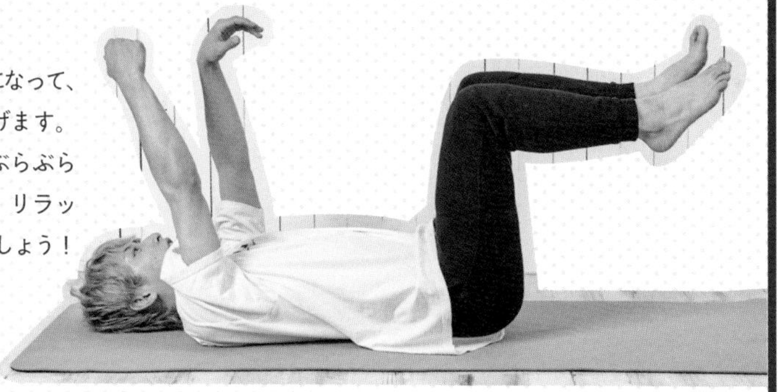

続いて、仰向けになって、両手両脚を上げます。手首と足首をぶらぶらと動かします。リラックスして行いましょう！

5

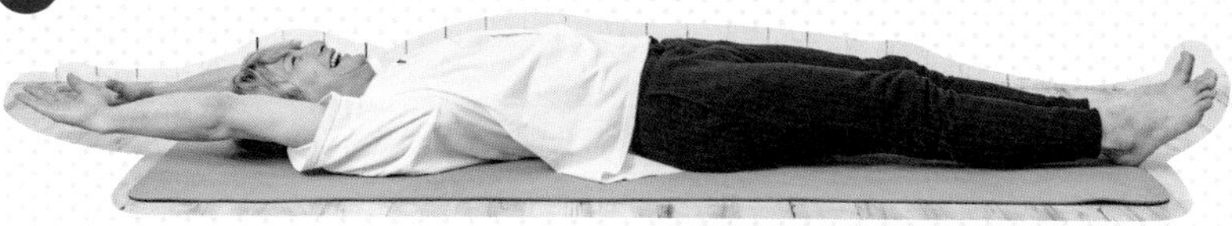

最後は全身をまっすぐ伸ばす！　背骨にアーチができたら完璧！

寝る前に冷たい水を飲もう！

コップ1杯の水を飲もう

寝る直前にコップ1杯の水を飲みましょう。寝ている間は水分補給ができないので、血流が悪くなり代謝も下がり、太りやすくなります。寝る前の冷たい水で体を冷やすと、寝ている間に体温が上がるんです！

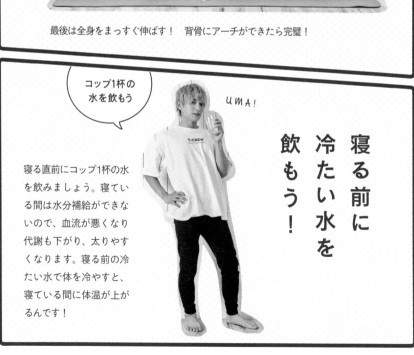

＼ エクササイズ前に！ ／

動的ストレッチで効果アップ！

動画はここでCHECK！

普通のストレッチは体を伸ばすのがメイン。でも、動的ストレッチは、ケガをしない程度に柔らかく伸ばして、さらに負荷をかけるもの。筋トレの効果が上がるので、1日のエクササイズ前にやるのがおすすめです！

1

TIME 30秒

うつ伏せの状態から、上体を起こして目線は上に。腹筋が伸びているのを感じましょう。

2

TIME 30秒

1の体勢から片脚を立てて、脚の横に手をセット。そのまま30秒間キープ。次におへそで円を描くようにして30秒間ぐるぐる体を動かす。

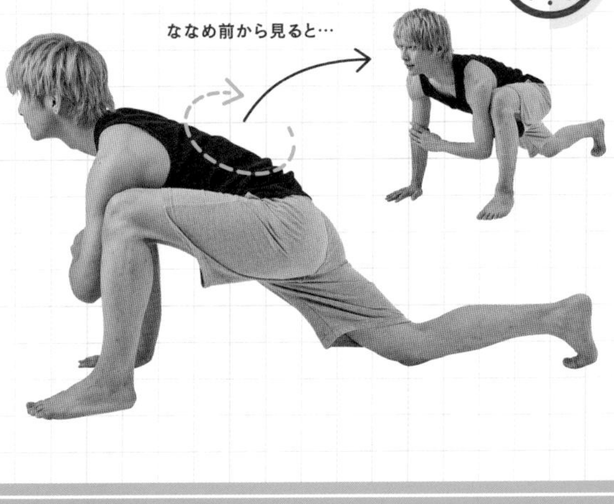

反対側も同様に！

3

立ち上がって、片脚を両手で抱き抱える。体幹を使ってバランスを保ちながら、キープ。バランスを崩してもまたやり直せばOK！

TIME 30秒

反対側も同様に！

4

立ったまま脚を後ろ側に曲げて、手で持ちながら、バランスを保つ。片手、両手どちらでもOK。

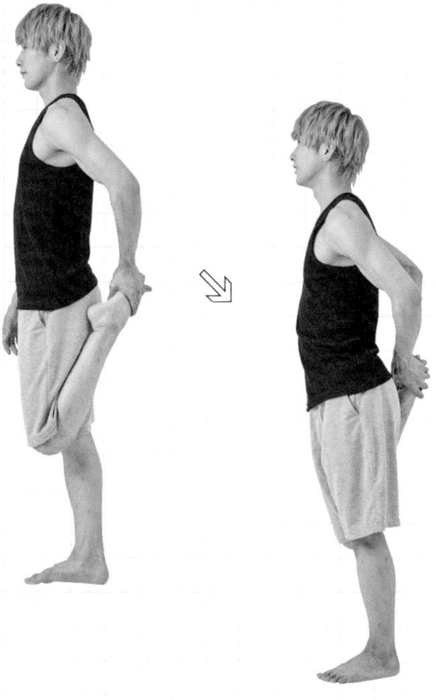

TIME 30秒

反対側も同様に！

14日間トレーニングスタート！

ここからは、たろにぃ直伝の14日間トレーニングを
レクチャーしていきます。前半の7日間と
後半の7日間で難易度を変えているので、
自分のレベルに合わせて進めてみてください！

14 DAYS

TRAINING

20秒のエクササイズ＋
10秒の休憩、
これが「たろにぃ流」！

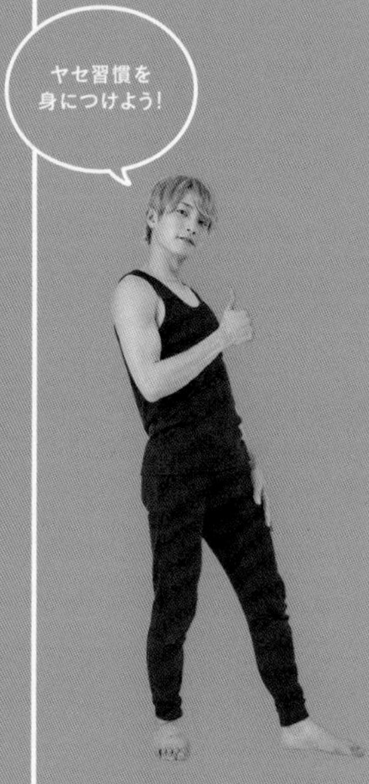
ヤセ習慣を
身につけよう!

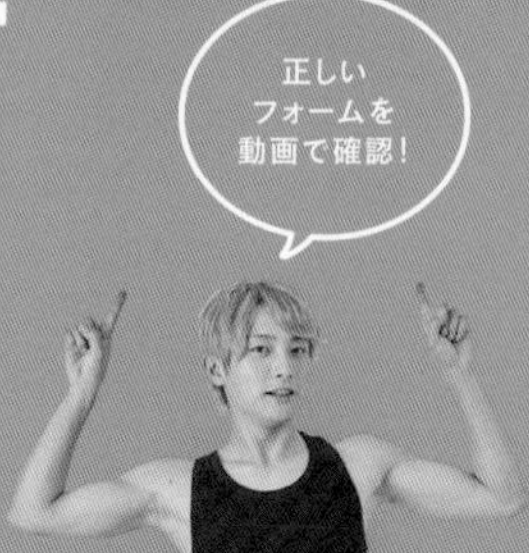
正しい
フォームを
動画で確認!

プロローグでもお話ししていますが、トレーニングは長く続けることが大事です。だから、最初は1日1回のスクワットでもOK。簡単すぎて失敗しようがないことから始めていきましょう。義務のように感じてしまうと、きっと続かないはず。毎日続けて、2週間、1ヶ月……と継続していければ、いつの間にかトレーニングが習慣になっていると思います。最初の1週間、仕上げの1週間とページを追うごとに成長できるようにプログラムを作りました。この本で身についた習慣を10年後もみなさんが続けていてくれたらうれしいです。

STEP2

1DAY

|

7DAY

BASIC
基本を作る 1週間

YouTubeでも紹介しているトレーニングを、よりトライしやすくまとめました！　女性だけではなく男性でも気になる人の多い、お腹まわりや下半身のトレーニングもいろんなバージョンで考えているので、チェックを！ エクササイズを何回やるかではなく20秒間で続けられる回数でOK。人によって回数は違っていいんです。徐々にレベルアップしていきますが、自分のやりやすそうなものや、やってみたいなと思ったものから、トライするのもいいですね。まずは、続けることを第一に始めてみてください！

難易度　初級　中級　上級

動画はここでCHECK!

1DAY

今日の目標!

お腹まわりをへこまそう

1日目で紹介するのは、お腹まわりを鍛えるためのプログラム。
レッグレイズや脚パタなど、腹筋トレーニングの定番を
取り入れているので、お腹まわりに効きます!

EXERCISE START

1 脚をゆっくり下ろす

両脚をそろえてまっすぐ上げて、ゆっくり床に向かって下ろしていく。足は地面につかないギリギリのところでストップ。20秒間、脚の上げ下げを繰り返す。

TIME 20秒
▽
休憩 10秒

2

上体を伸ばし、脚を抱える

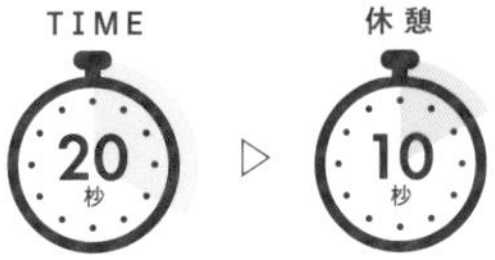

大きく上体を伸ばして、ゆっくり戻して脚を抱える。息を吸いながら体を倒し、吐きながら起き上がりお尻の下へ手を運ぶのを20秒間繰り返しましょう。腰を床につけることで下腹部を刺激！

難易度　初級　中級　上級

3

脚パタをする

次に脚パタをする。軽くひざを曲げて片方ずつ脚を上げて、下げるを20秒間繰り返す。下腹部のトレーニングに効果的！

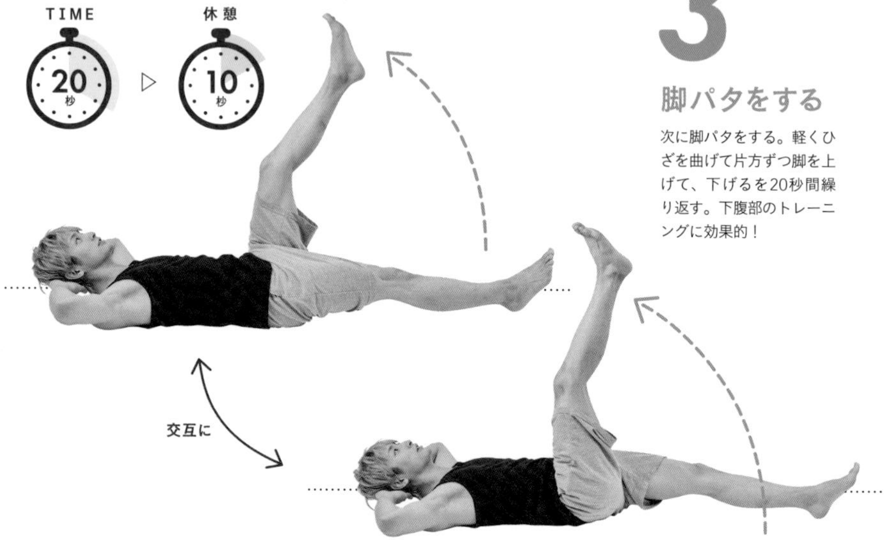

4

脚をクロスする

今度はうつ伏せになり、つま先を立たせておく。片方の脚を体の逆側へクロスさせる。腰からグッとクロスさせましょう。

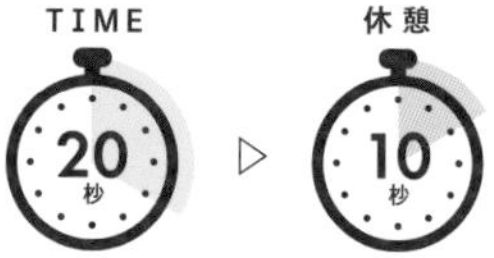

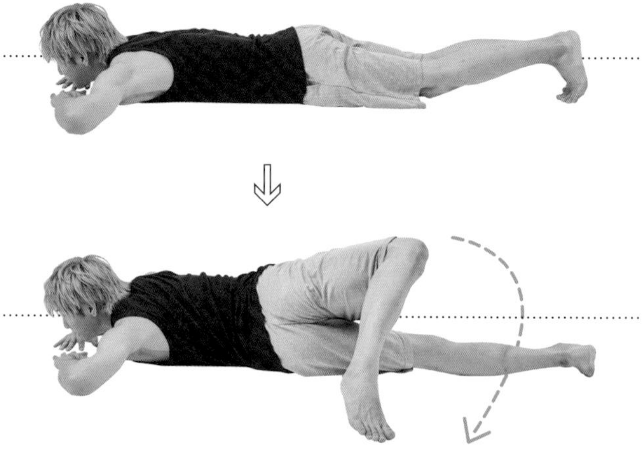

20秒キープしたら反対側の脚も同様に

5

体の横を伸ばす

座っている状態で、両ひざを立ててから片側に倒す。ひざを倒した側とは逆側にひじを上げていく。ひじを上げた側の脇腹が伸びていて、もう片方の脇腹が収縮しているのを感じましょう。

20秒
キープしたら
反対側も
同様に

腕が頭の前に
来ないように
注意!

TIME
20
秒

Point

呼吸を
止めないように

難易度　初級　中級　上級

動画は
ここでCHECK!

2DAY

今日の目標！

下半身をすっきり見せる

2日目は、お腹まわりから脚までをすっきりさせます！
いろんなバージョンのスクワットを使っているので、
効果テキメン！　下半身太りを解消させましょう。

EXERCISE START

1 スクワットをする

肩幅よりちょっと広く脚を開き、胸を張って両腕を胸の前で組む。そのまま腰を下ろせるところまで下ろす。20秒間でできる回数行う。太ももが床と平行になるようにできたらグッド！

TIME
20秒
▽
休憩
10秒

横から
見ると…

2

サイドキック
スクワットをする

スクワットと同様に、脚を肩幅より広く開き、両腕を組んで腰を下ろす。立ち上がるときに片脚ずつ交互にサイドに脚を上げる。より高く脚が上がるのを目指しましょう。この動きを20秒間繰り返す。

TIME
20
秒
▽
休憩
10
秒

反対の脚と
交互に行う

難易度　初級　中級　上級

3

スタンディング
ニートゥーエルボーをする

TIME
20
秒

▽

休憩
10
秒

頭の後ろで両手を組んで、
立つ。足の幅は肩幅くらい
広げておく。

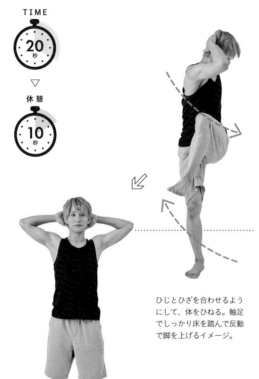

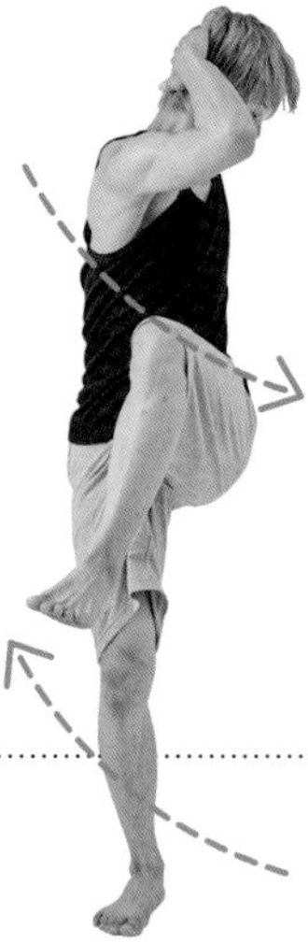

ひじとひざを合わせるよう
にして、体をひねる。軸足
でしっかり床を踏んで反動
で脚を上げるイメージ。

元の姿勢に戻る。

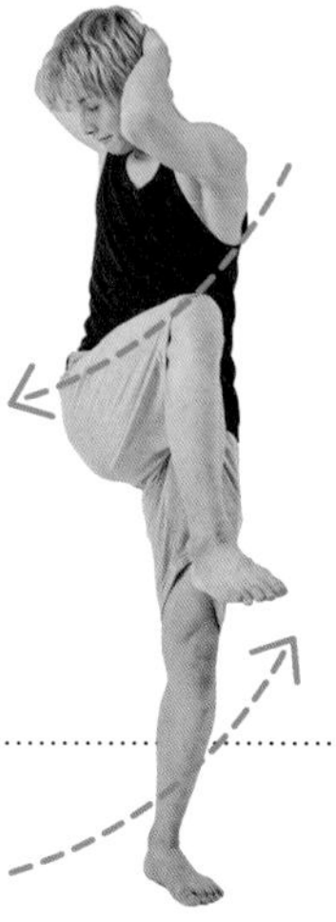

反対側も同様に。なる
べく高く脚を上げて、
ひじに近づけるように。
これを20秒間繰り返す。

2DAY

4

ワイドスクワットをする

TIME
20
秒

最後はワイドスクワットを。両腕を胸の前で組んで、足幅は肩幅の1.8倍くらいをとって立つ。

胸を張ってそのまま腰を下ろす。ひざは外側を向くように。

難易度　初級　中級　上級

動画はここでCHECK!

3DAY

今日の目標!

お腹とお尻を鍛えよう!

ヒップリフトや脚パカを取り入れたプログラムで、
お腹やお尻、脚を鍛えてすっきりさせましょう。脚パカは内もも
に効果的なので、太ももが気になる人は要チェック!

EXERCISE START

1

TIME 20秒 ▷ 休憩 10秒

ヒップリフトをする

まずはお尻のトレーニング。仰向けで寝て、なるべく垂直になるようにひざを立てる。つま先はまっすぐ前へ。そのままお尻をなるべく高く上げて、下げる。下げるときは床にお尻はつかないように! 20秒間上げ下げを続けて。

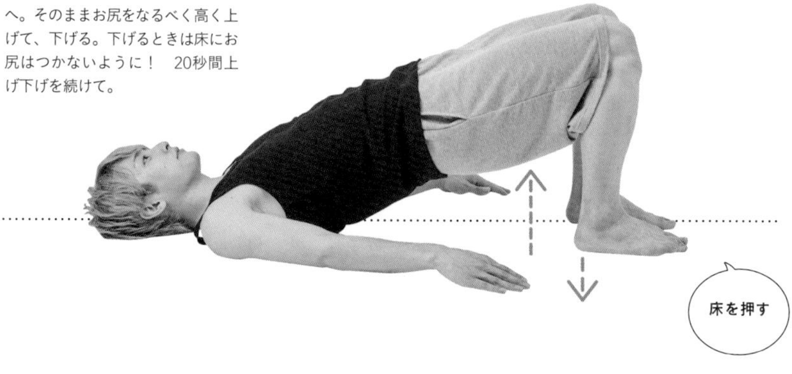

2

TIME 20秒 ▷ 休憩 10秒

足首をかけて ヒップリフト

1のヒップリフトと同様に、仰向けになり、両ひざを立てておく。片方の足首をひざ上にかけて、このままお尻を上げていく。なるべく高い位置まで上げて、下げるときは床にお尻はつかないように。20秒間続けて。

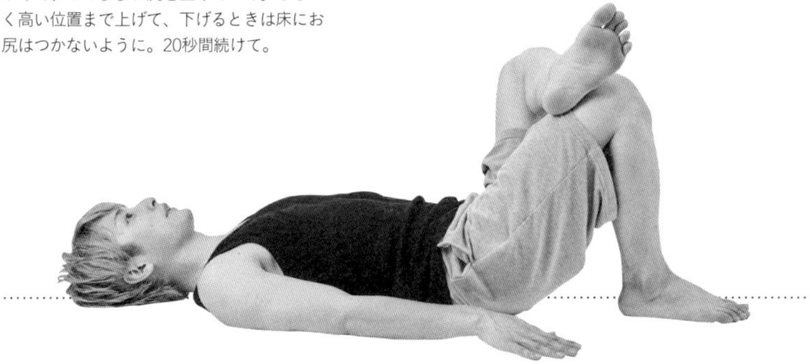

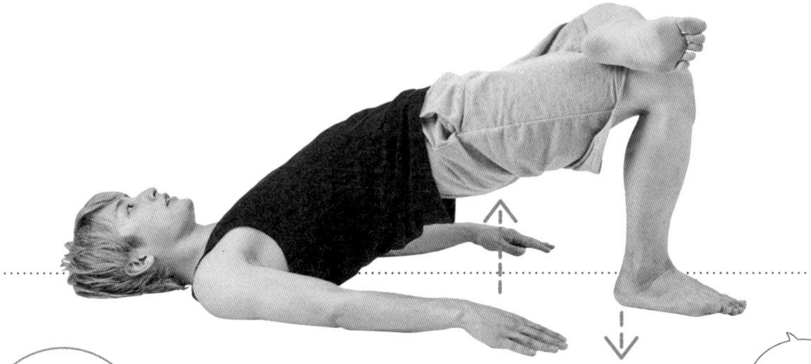

床を押す

反対側も
同様に!

難易度　初級　中級　上級

3

脚パカをする

TIME 20秒 ▷ 休憩 10秒

次は内ももののトレーニングへ。仰向けに寝て、両脚をそろえて、なるべく垂直になるように上げる。

⇩

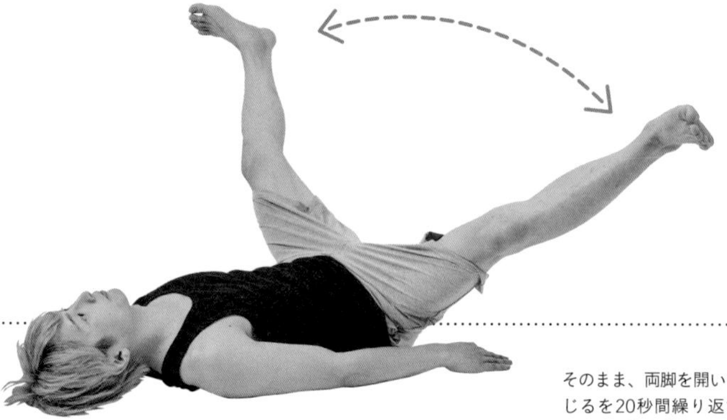

そのまま、両脚を開いて閉じるを20秒間繰り返す。しっかり脚を開くことがポイント！

4

レッグレイズをする

次は、下腹部のトレーニング。仰向けに寝た状態で両肩を少し床から上げる。両脚を伸ばして軽くひざを曲げ、上へ。垂直を目指して上げて、ゆっくりと下ろす。このとき足の甲を遠くへ運ぶように意識すると、お腹も伸びる！20秒間上げ下げを繰り返す。

TIME 20秒 ▷ 休憩 10秒

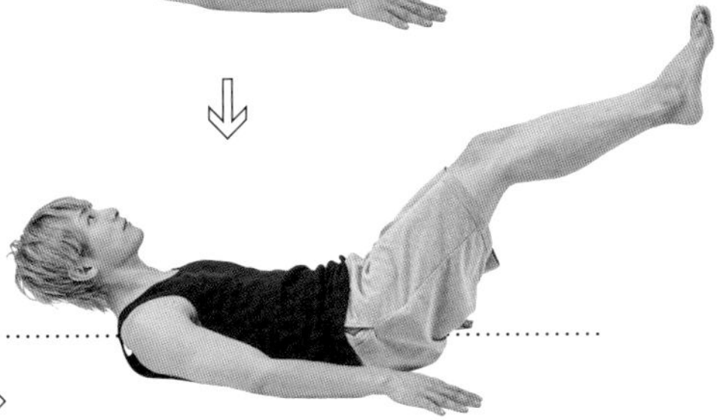

5

腹筋をする

TIME 20秒

最後は、腹筋。仰向けに寝て、両ひざを上げた姿勢に。両手を頭の後ろで組み、両肩を床から離す。息を吐きながらおへそを見るイメージで、上体を持ち上げる。20秒間繰り返す。

難易度　初級　中級　上級

動画はここでCHECK!

4DAY

今日の目標！

内ももとお腹をヤセさせる！

女性が気になる、内ももとお腹を重点的に鍛えるのが今日のプログラム。辛すぎるエクササイズがあったら無理せずに、自分がやれる範囲で続けることが大事です。

EXERCISE START

1 脚パカをする

TIME 20秒 ▷ 休憩 10秒

仰向けに寝て、両脚を床となるべく垂直になるように持ち上げる。

そのまま脚を開いて閉じる、これを20秒間続ける。脚の開き幅が同じくらいになるように意識。

2

脚をクロスさせる

1と同じく、仰向けに寝て、両脚を床と垂直になるように上げる。脚を開いてそのまま通り過ぎるようにしてクロスさせる。1回ごとに左右を入れ替えて。20秒間続ける。

TIME
20秒
▽
休憩
10秒

左右交互に行う

難易度　初級　中級　上級

3
片脚を下げる

TIME 20秒 ▷ 休憩 10秒

1と同じく、仰向けで寝て、両手を横に大きく広げておく。両脚を床と垂直になるように上げる。

⇩

片脚を伸ばした状態で、もう片方の脚をサイドに下ろす。下ろしているほうの手でしっかり床を押すと安定する。下腹部と内ももに効果的！　20秒間上げ下げを繰り返す。

反対側も同様に

4

自転車こぎのように脚を動かす

TIME 20秒

仰向けに寝た状態で両手は床につけて、肩は床から離しておく。脚を伸ばして、少し床から上げて片方の脚は曲げる。20秒間自転車をこぐように脚を回転させていく。かかとは床につかないように大きく動かして。

⇩

⇩

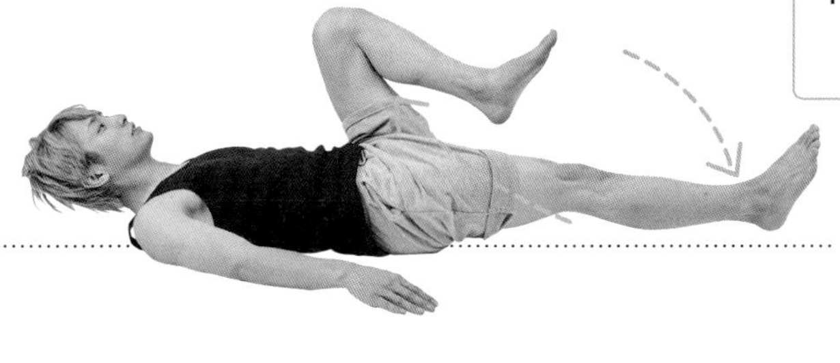

Point

下腹部と脚のつけ根を鍛えられるよ！

難易度　初級　中級　上級

動画は
ここでCHECK!

5DAY

今日の目標！

全身を動かしてスリムに

5日目の目標は、全身を大きく動かすこと！　マウンテンクライマーやバーピーなど、全身を使った有酸素運動もあるのでキツイかもしれないけれど、少しずつ慣らしていきましょう。

EXERCISE START

1 スクワットをする

TIME 20秒 ▷ 休憩 10秒

肩幅よりちょっと広く脚を開き、胸を張って両腕を胸の前で組む。

そのままの体勢でお尻を突き出すイメージで、腰を下ろせるところまで下ろす。20秒間繰り返す。

2
サイドランジをする

TIME 20秒 ▷ 休憩 10秒

脚のつけ根と太ももに効くトレーニング。両脚を大きく開いて立ち、胸の前で両腕を組む。

⇩

片脚にしっかり体重が乗るように、腰を下ろす。リズムよく反対側も。20秒間繰り返す。

交互に
リズムよく

難易度　初級　中級　上級

3

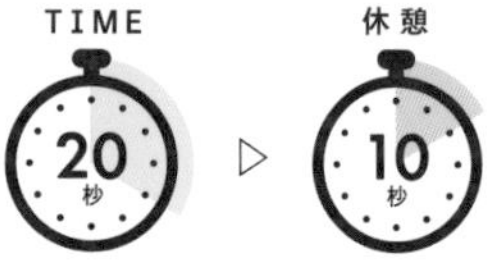

マウンテンクライマーをする

両手で体を支えるようにして、両脚を伸ばす。太ももで胸を蹴るようなイメージで、片脚ずつ上げていく。なるべく肩が動かないように。20秒間繰り返す。

14日間プログラム

4

TIME 20秒

バーピーをする

立った状態から素早く床に手をつく。そのまま両脚を後ろに伸ばして、ジャンプ！　これを20秒間繰り返す。

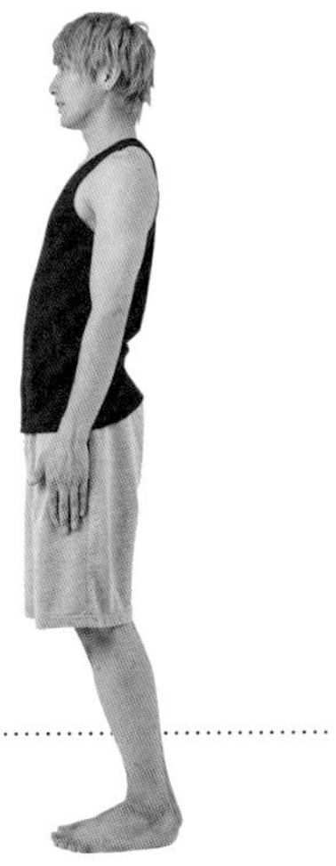

難易度　初級　中級　上級

動画は
ここでCHECK!

6DAY

今日の目標！

とにかく腹筋を鍛える！

腹筋全体を鍛えるトレーニングを集めたので、
6日目で腹筋を集中的にがんばりましょう。
脚を動かしたり高く上げたりすると効果アップ！

14日間プログラム

EXERCISE START

1 お尻を浮かせて脚を上げる

TIME 20秒 ▽ 休憩 10秒

仰向けになった状態から、ひざを立ててそのままお尻から脚を上げる。両腕は体の横にセット。

⇩

そのままさらに脚を上げる。理想はお尻が天井を向くくらい。脚を下ろすときは、上げるときの2倍くらいかけてゆっくりと。20秒間繰り返す。

Point
かかとを
下ろすときは
床につけない

2

TIME 20秒 ▷ 休憩 10秒

脚を高く お尻から上げる

両手で体を支えた状態で脚を伸ばす。この状態から、片脚のひざをお尻より高い位置まで上げる。

次に太ももを胸に当てるイメージで、脚を引きつける。20秒間繰り返す。

反対側も同様に

難易度　初級　中級　上級

3

TIME 20秒 ▷ 休憩 10秒

自転車こぎのように脚を動かす

仰向けの状態で両腕は体の横にセット。脚を伸ばして、肩は床から離しておく。この状態で両脚を少し浮かせて片方の脚を曲げる。自転車をこぐようになめらかに脚を回転させていく。お腹を見るようにやるとより効果的。

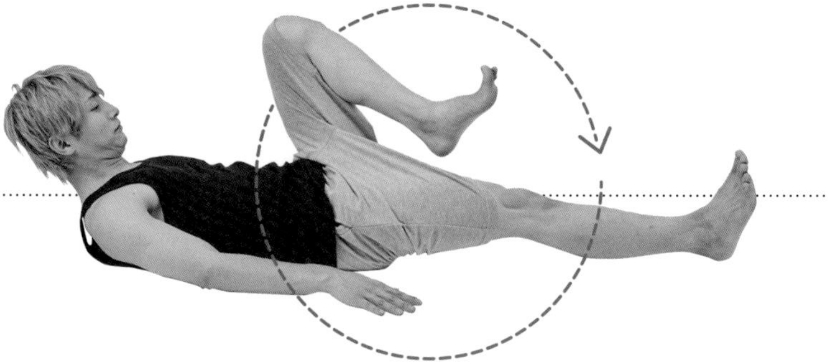

⇩

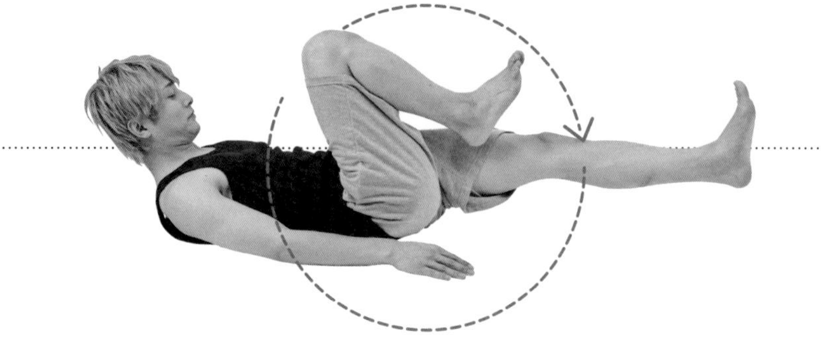

4

片脚ずつ上げる

脚を伸ばした状態で、ひじで体を支えるようにして軽く上半身を起こす。片脚を曲げてもう一方の脚は垂直に伸ばす。脚をまっすぐ戻して、ひざで胸を打つようにして動かす。これを片脚ずつ各20秒間行う。

TIME
20秒

反対側も同様に

難易度　初級　中級　上級

動画はここでCHECK!

7DAY

今日の目標！

骨盤まわりを引き締めよう！

骨盤が開いてしまうとなんとなく太っていたり、
スタイルが悪く見えてしまいがち。骨盤まわりをキュッと
引き締めるエクササイズでスタイルアップを目指して。

EXERCISE START

1 ワイドスクワットをする

TIME 20秒 ▷ 休憩 10秒

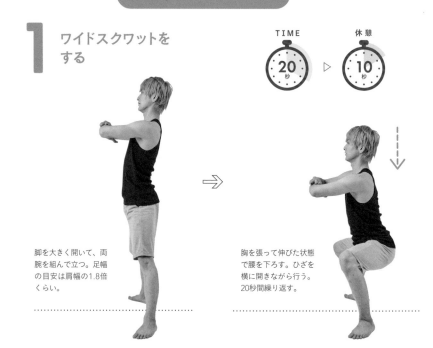

脚を大きく開いて、両腕を組んで立つ。足幅の目安は肩幅の1.8倍くらい。

胸を張って伸びた状態で腰を下ろす。ひざを横に開きながら行う。20秒間繰り返す。

2

脚をクロスして上げ下げ

TIME 20秒 ▷ 休憩 10秒

両脚を伸ばして横向きに寝る。右ひじを肩の真下に置き体を支え、左脚を伸ばした右脚をまたいでクロスさせる。

⇩

背筋をまっすぐ伸ばした状態で、右脚を上げる。脚の上げ下げを20秒間続ける。

反対側も同様に!

Point

内ももとお腹の横側に効くよ!

難易度　初級　中級　上級

3

TIME 20秒 ▷ 休憩 10秒

ヒップリフトをする

仰向けで寝て、ひざを立てる。つま先はまっすぐ前を向いている状態。ここから骨盤を引き上げるようにお尻を上げていく。下げるときはお尻は床につかないようにして、20秒間上げ下げを繰り返す。

（14日間プログラム）

4

足裏を合わせてヒップリフト

仰向けで寝て、両腕は体の横にセット。足の裏を合わせて、ひざをしっかり開いて、お尻を上げていく。下げるときはお尻は床につかないようにして、20秒間上げ下げを繰り返す。

TIME 20秒 ▽ 休憩 10秒

⇩

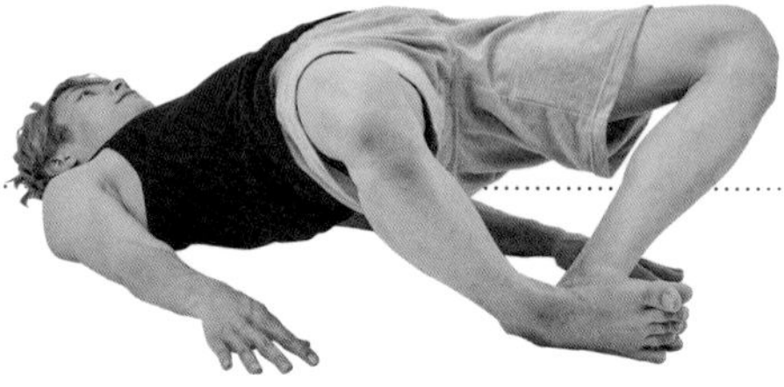

5 脚を上げ下げ

TIME 20秒

両脚を伸ばして座り、両手は後ろにセット。指先はやや外向き。片脚を曲げて、もう片方の脚は伸ばしたまま、少し床から浮かしておくこと。

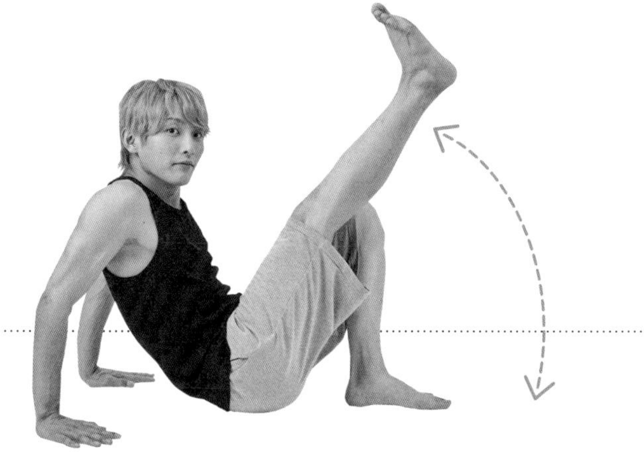

反対側も同様に！

伸ばした脚を上げ下げ。脚を上げるときは、胸で迎えにいくようなイメージで行うとグッド。これを20秒間繰り返す。

STEP3

8DAY
|
14DAY

ADVANCED

勝負の1週間

14日間トレーニングの後半部分は、プログラムの内容がボリュームアップしているので、前半よりけっこうキツイと思います。でも、前半のエクササイズを続けられたなら、きっと大丈夫！　この1週間も「続けること」を大事に挑戦してみて。20秒間続けたら10秒間のインターバルを設けているので、休憩しながら無理のない程度に続けましょう。ダイエットは長く続けることのほうが大切なので、習慣になるように、そして楽しさを感じられるように取り組んでもらえたらうれしいです。

難易度　初級　中級　上級

動画はここでCHECK!

8DAY

今日の目標！

二の腕をキレイに見せよう

二の腕のぷよぷよが気になっている女性も多いはず。折り返しの8日目は、上半身、特に二の腕に効果のあるトレーニングを紹介します。美ボディへさらに近づけます！

14日間プログラム

EXERCISE START

1 ハイプランクをする

TIME 20秒 ▷ 休憩 10秒

手幅は肩幅より広くとって脚を伸ばし、頭からかかとまで一直線にするイメージ。この体勢のまま20秒間キープ。

2 ハイプランクから腕立て伏せ

TIME 20秒 ▷ 休憩 10秒

1のハイプランクと同じ姿勢をとる。このとき、お腹にしっかり力を入れて、頭からかかとまで一直線になっていることを意識！

⇩

そのまま体を下ろしていく。お腹に力を入れて体を持ち上げ、腕立て伏せを20秒間繰り返す。背中にある板を押し上げるイメージで行う。

3

お尻を持ち上げて20秒キープ

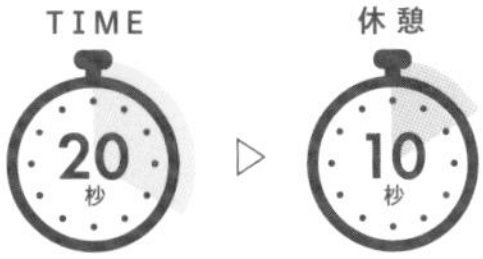

床に座った状態から、両腕と両脚で体を持ち上げる。手や足の指先は正面を向くようにセット。お腹の力を使いながらお尻を高く上げて、横から見たときに体が四角形になっていればOK。

4

手を後ろでひねる

胸を張って、腰が丸くならないようにあぐらをかいて座る。腕を後ろへ限界まで伸ばし、両手の親指は上に。手をくるっと回転させて、外回転、内回転を20秒間繰り返す。

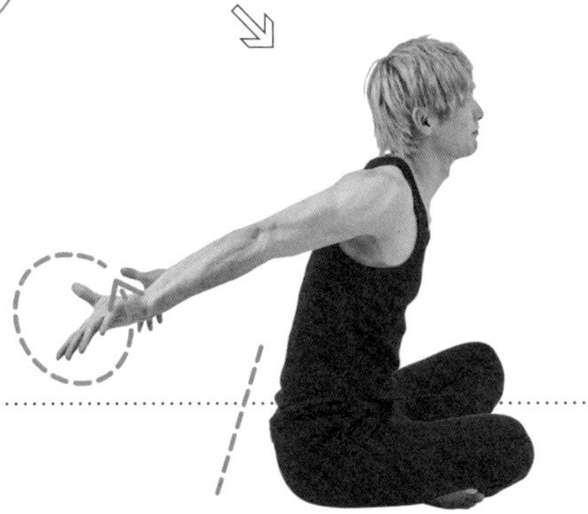

Point

親指は上を向く!

難易度　初級　中級　上級

5

リズミカルに ひじをつく

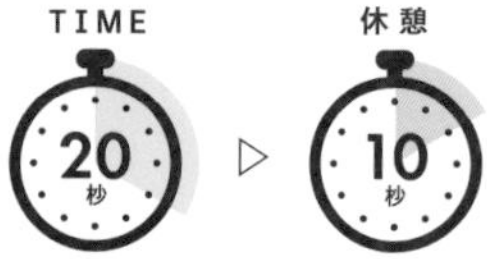

両手で体を支えた状態で脚を伸ばす。このとき背面が一直線になるのを目指して。

⇩

そのままの姿勢で、左ひじをつく。

⇩

リズミカルに！

右ひじもつき、両ひじで体を支える体勢に。

⇩

左腕を伸ばし、さらに右腕も伸ばし、元の姿勢に。リズミカルにこの動作を20秒間繰り返す。

10秒休憩したら、左右入れ替えて同様に

8DAY

6 プランクの体勢から反対側の肩をタッチ

TIME
20秒
▽
休憩
10秒

呼吸を止めない!

両手で体を支えて、背面を一直線に。この状態のまま、左手で右の肩をタッチ。元の姿勢に戻り、右手で左の肩にタッチ。なるべく頭が動かないようにして、左右交互にタッチする動作を20秒間続ける。

難易度　初級　中級　上級

7 ひざを立てて、プッシュアップ

TIME 20秒 ▷ 休憩 10秒

肩幅より少し狭めにして両手をつき、ひざもついた体勢をとる。ひざから頭まではー直線。

⇩

両ひじを曲げて床にお腹をつけ、腕を伸ばす。腕を完全に伸ばし切るのがポイント。この動作を20秒間繰り返す。

8DAY

8 両腕を後ろ側について お尻を上げ下げ

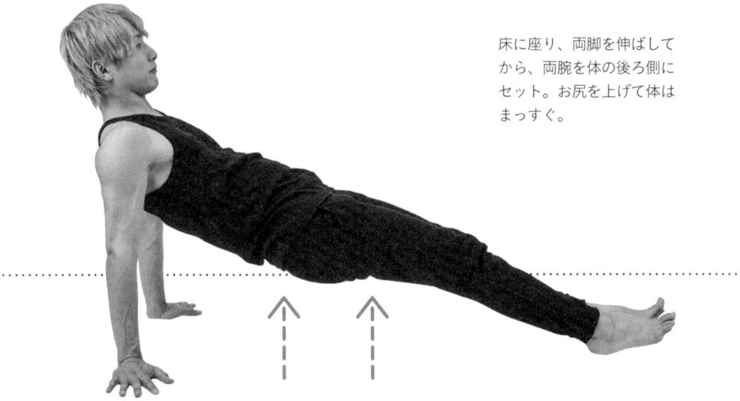

床に座り、両脚を伸ばしてから、両腕を体の後ろ側にセット。お尻を上げて体はまっすぐ。

両ひじを曲げて体を落として、腕を伸ばして姿勢を戻す。腕は完全に伸ばし切るのが目標！　20秒間お尻の上げ下げを繰り返す。

難易度 初級 中級 上級

動画は
ここでCHECK!

9DAY

今日の目標！

下半身トレーニング＆有酸素運動を制覇！

9日目は、下半身トレーニングを軸にした、有酸素運動のプログラムです。スクワットやヒップリフトなどで全身をハードに動かしていくので、気合を入れて取り組んで！

EXERCISE START

1 ワイドスクワットをする

TIME 20秒
▽
休憩 10秒

肩幅の1.8倍くらいを目安に足を開き、両腕を組んで立つ。背筋を伸ばした状態で垂直に腰を下ろす。

⇒

そのまま腰を上げて元の姿勢へ。20秒間繰り返して。

2 サイドランジをする

TIME 20秒 ▷ 休憩 10秒

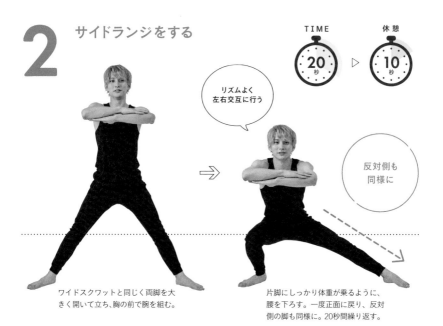

リズムよく
左右交互に行う
反対側も
同様に

ワイドスクワットと同じく両脚を大きく開いて立ち、胸の前で腕を組む。

片脚にしっかり体重が乗るように、腰を下ろす。一度正面に戻り、反対側の脚も同様に。20秒間繰り返す。

3 ひざをついて後ろにかたむける

TIME 20秒 ▷ 休憩 10秒

ここまで
目指そう！
STRETCH

ひざをついて両腕を胸の前で組み、背筋をまっすぐ伸ばす。体を上に引き上げているイメージ。

そのままの姿勢を保ちながら、体を後ろに倒していく。このとき、アゴを引きながら行うとお腹にしっかり力が入り、腰痛予防にも！

限界まで体を倒したら、元の位置に戻す。この動作を20秒間繰り返す。体のかたむきは無理のない程度でOK！

難易度　初級　中級　上級

4

ヒップリフトをする

TIME 20秒 ▷ 休憩 10秒

⇩

仰向けの状態から、なるべく垂直になるようにひざを立てる。つま先はまっすぐ前へ。そのままお尻をなるべく高く上げて、下げる。20秒間繰り返す。

Point

**お尻は床に
つかないように!**

5

ワイドスクワットをする

TIME 20秒 ▷ 休憩 10秒

脚を大きく開いて、両腕を前に伸ばして立つ。足幅は肩幅の1.8倍くらいを目安に。

体は
床と垂直に

胸を張り背筋を伸ばした状態で体を下ろす。ひざは真横に開く意識で。腕を前に伸ばして行うことで、少し負荷が軽くなり、やりやすくなるはず！　20秒間行う。

難易度　初級　中級　上級

6
ランジをする

TIME 20秒 ▷ 休憩 10秒

前後に脚を開く

足を前後に開き、両腕は胸の前で組む。

この状態で前足と後ろ足の踏ん張りを均等になるようにしながら、垂直に腰を落とす。前脚の太ももは床と平行、ひざは前に出ないように！　腰を落として上げる、これを20秒間繰り返す。

反対側も同様に

Point

両足の踏ん張りを均等にすること！

7 ツイストをする

TIME 20秒 ▷ 休憩 10秒

脚を大きく開いて重心を落とす。両手は前へセット。この姿勢で上半身をお腹から動かし、横を向くくらいひねる。体の軸はなるべくブラさずに！20秒間繰り返す。

8 高速スクワットをする

TIME 20秒

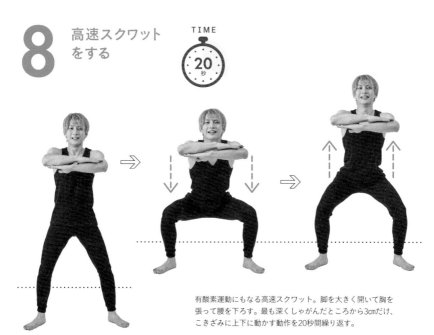

有酸素運動にもなる高速スクワット。脚を大きく開いて胸を張って腰を下ろす。最も深くしゃがんだところから3cmだけ、こきざみに上下に動かす動作を20秒間繰り返す。

難易度　初級　中級　上級

10DAY

動画は
ここでCHECK!

今日の目標！

ウエストのくびれを作る！

ウエストも女性の気になるパーツのひとつ。
ウエストまわりをトレーニングすることで、くびれのある理想のスタイルを目指しましょう！

EXERCISE START

1 レッグレイズをする

TIME 20秒 ▷ 休憩 10秒

仰向けに寝て、脚を伸ばし、両肩は床から上げておく。

脚を上げていき、ひざ上がお尻の真上にくるまで持ち上げる。ゆっくりと上げ下げを20秒間繰り返す。下げるときは脚を遠くへ伸ばすようにして、かかとは床につかないように。

2

お尻を上げ下げ

TIME 20秒 ▷ 休憩 10秒

横から

ひじは肩の真下に置き、脚をまっすぐ伸ばす。上側の脚を下の脚の前に持ってきて、クロスさせる。

横から

お尻が後ろへ
出ないように

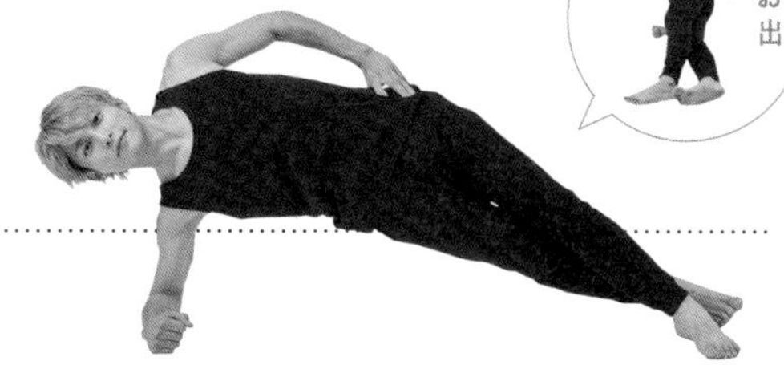

そのままお尻を上げる。背筋をまっすぐキープしながらお尻を20秒間上げ下げ。

反対側も
同様に

3

横に寝て頭を上げ下げ

TIME 20秒 ▷ 休憩 10秒

横向きに寝て、下側の手はまっすぐ前に伸ばしておく。若干ひざを曲げてもう片方の手は頭の後ろにセット。

このまま上側の脇腹を縮めるようにして、上体を起こす。ゆっくり戻し、起き上がるのを20秒間繰り返す。

反対側も
同様に

Point

脇腹が収縮しているのを感じて！

難易度　初級　中級　上級

4

ノーマルプランクをして お尻を左右に

TIME
20秒

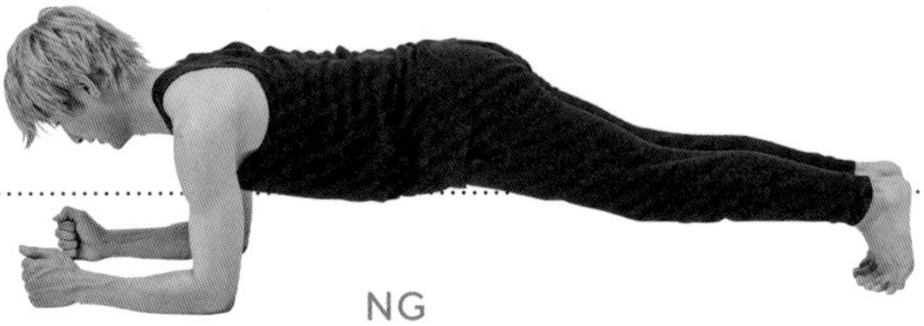

両ひじで体を支えて脚を伸ばし、プランクのポーズをとる。頭からかかとまで一直線になるように！　このまま20秒キープ。

NG

背中が反ってしまい
お尻がぽこっと上がるのはダメ！

TIME
20秒
▽
休憩
10秒

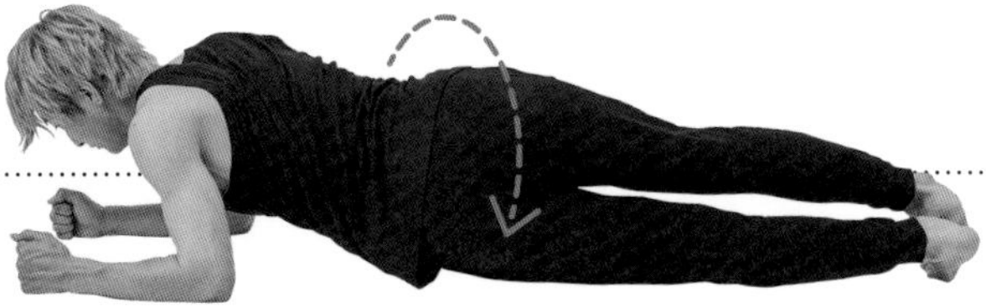

プランクの姿勢からお尻を左右に振っていく。お尻の動きにつられて肩が動かないように。20秒間繰り返す。

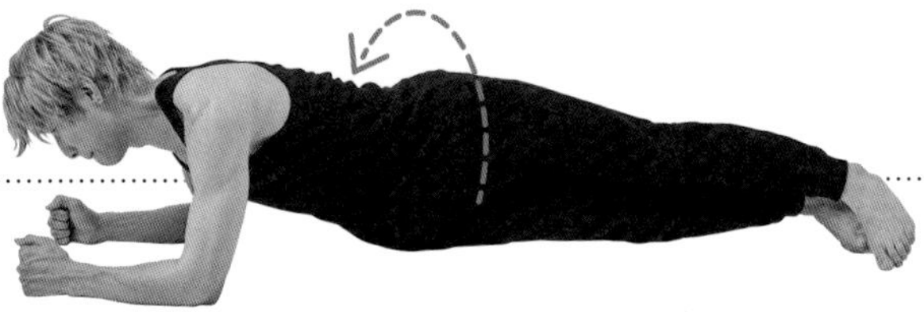

10DAY

5
お尻を上げて まあるいアーチに

TIME 20秒 ▷ 休憩 10秒

両腕をついて両脚を伸ばし、体を支える。

頭は中へ、お尻も中へ前後からはさみ込んで腰が上へはじき出されるイメージ。お尻の上げ下げを20秒間繰り返す。

インターバル
10秒

体を
休めよう!

難易度　初級　中級　上級

6
サイドプランクをする

TIME 20秒 ▷ 休憩 10秒

体の下側が
一直線を
目指そう!

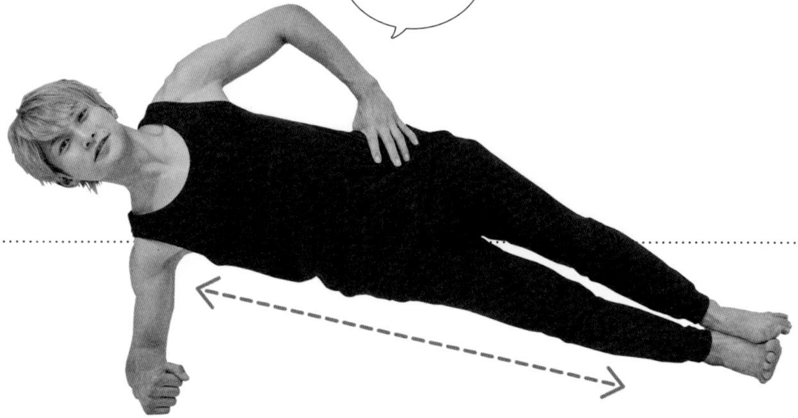

床に対して垂直になるように、右ひじで体を支える。左手は腰にセットし、両脚は重ねる。腰は曲げずにまっすぐにすることを意識しながらお尻を上げて、20秒間キープ。左ひじは天井に向けるイメージ。

Point

お腹の横を
鍛える!

反対側も
同様に!

10DAY

7
プランクの姿勢から ひざを上げる

TIME
20秒

両ひじをついて脚を伸ばし、体を支えるようにしてプランクのポーズをとる。

ひざで肩を蹴るようなイメージで、片脚ずつ交互にひざを上げていく。ひざと肩が同じ高さになるように意識。この動きを20秒間繰り返す。

左右
交互に

難易度　初級　中級　上級

11DAY

動画は
ここでCHECK!

今日の目標！

有酸素運動でがっつりヤセる！

ジャンプやスピーディな足踏みなど全身の筋肉を
使った筋トレを取り入れたプログラムです。キツイけど
有酸素運動を行って、脂肪をがっつり燃焼させましょう！

EXERCISE START

1
ジャンプする

ふくらはぎの筋肉を使って、なるべく高く20秒間ジャンプする。

TIME 20秒

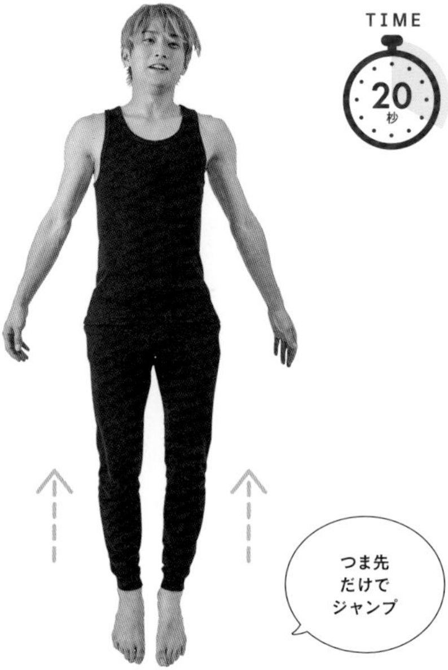

2

足踏みをする

ジャンプから続けて、その場でももを上げるように、20秒間足踏みをする。太ももが床と平行になったらベスト。

TIME 20秒 ▽ 休憩 10秒

3

脚を交互に上げてクロス

脚を高く上げて反対の手でタッチ。つま先を反対側の肩に当てるような気持ちで、左右交互に大きく動かす。20秒間繰り返す。床についている足を強く踏み込むと、反動で脚が高く上がる！

TIME 20秒 ▷ 休憩 10秒

難易度　初級　中級　上級

4

その場で背伸びをする

TIME 20秒 ▷ 休憩 10秒

足幅は
こぶし1〜1.5個分
開ける

背筋をまっすぐにして、つま先立ちをする。下ろすときは、かかとが床につかないように。ここまで激しい有酸素運動が続いたので、ここで呼吸を整えて。ふくらはぎの筋肉の収縮を感じながら、20秒間繰り返す。

11DAY

5

ひざで胸を打つように上げる

腕を大きくまっすぐに振って、20秒間もも上げをする。ひざが胸に当たるくらいまで上がるとグッド。軸足を強く踏み込むと脚が高く上がりやすい！　左右交互に繰り返す。

脚をしっかり
上げる!

TIME
20秒
▽
休憩
10秒

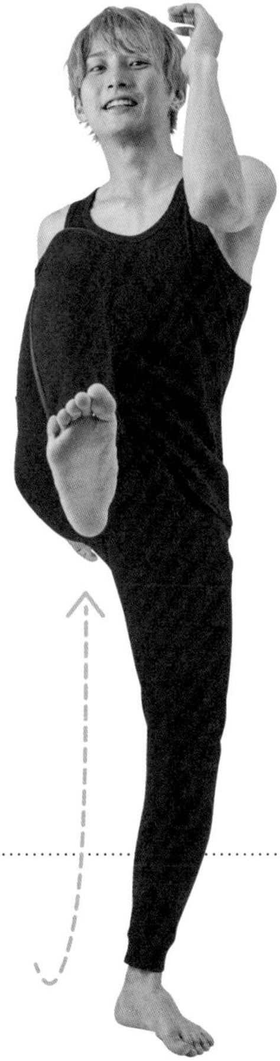

Point

足を強く踏み込むと
バランスもとれるよ!

難易度　初級　中級　上級

6

ハイプランクをする

TIME 20秒

両手で背中やお腹を支えて脚を伸ばし、頭からかかとまでまっすぐ。この体勢のまま20秒キープ。続けて7のプランクを行う。

7

プランクをする

TIME 20秒 ▷ 休憩 10秒

両ひじをついて脚を伸ばし、体を支えるようにしてプランクのポーズに。20秒間お腹に力を入れて姿勢を保って。

8

プランクから左右ステップする

TIME 20秒 ▷ 休憩 10秒

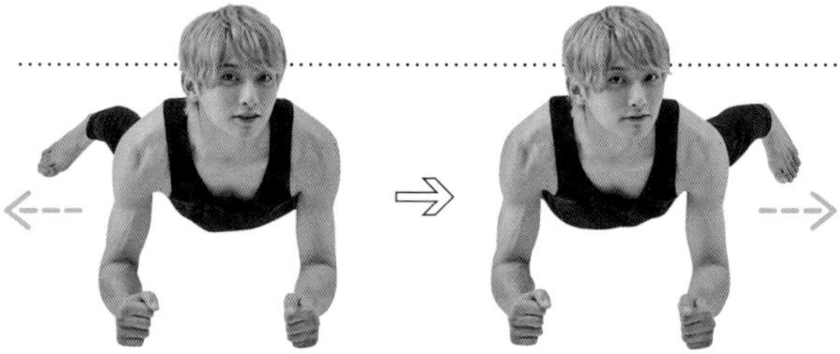

プランクの体勢から脚を1歩ずつ左右にズラす。お腹に力を入れて、20秒間交互に繰り返す。肩や頭の位置がブレないように！

9

TIME 20秒 ▷ 休憩 10秒

プランクから片脚上げ

プランクの体勢から片脚を上げる。ひざがお尻よりも高い位置で固定できるように、お腹に力を込めて、20秒間キープする。

反対側も同様に！

10

TIME 20秒

プランクをする

両ひじをついて脚を伸ばし、体を支えるようにして最後にもう1度20秒間プランク。プランクは両手幅を狭くして体から遠くにセットするとより効果的！　お腹に縦線が入るのも夢じゃない！

難易度　初級　中級　上級

12DAY

動画は
ここでCHECK!

今日の目標！

お腹をしっかり鍛える

12日目は、腹筋を集中トレーニング！　すべてのエクササイズを終えたあとは腹筋が筋肉痛で悲鳴を上げるかもしれないけど、効いている証拠です。最後までがんばりましょう！

EXERCISE START

1

腹筋をするポーズでひじとひざを合わせる

仰向けで寝た状態でひざを立てて、両手は頭の後ろで組む。頭は少し浮かせた状態で、ひじとひざをクロスさせてタッチ。20秒間左右交互にタッチしていく。難しい人は、ひじとひざがつかなくてもOK。

TIME 20秒 ▷ 休憩 10秒

2

腹筋をする

TIME 20秒 ▷ 休憩 10秒

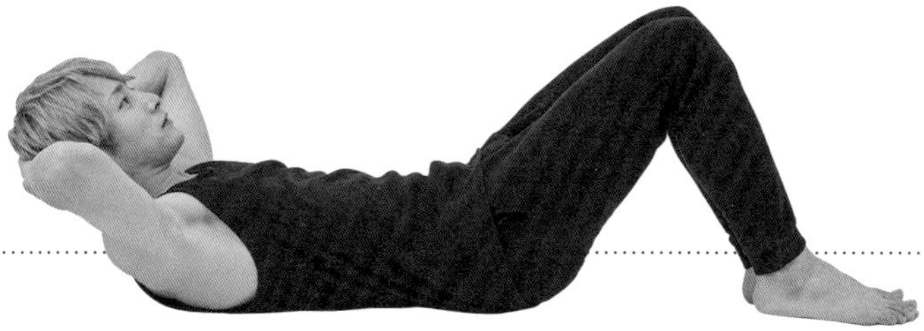

仰向けで寝て、ひざを立てて両手は頭の後ろに。息を吐きながらおへそをのぞき込むように上体を起こす。上体を下ろすときは床に肩甲骨がつかないようにして、再び起き上がる。20秒間繰り返す。

難易度　初級　中級　上級

3 レッグレイズをする

TIME 20秒 ▷ 休憩 10秒

仰向けに寝て脚を伸ばし、両腕と両肩は床から浮かせておく。ひざを少し曲げると効果アップ！

脚を上げていき、太ももが床と垂直になるまで持ち上げる。ゆっくりと上げ下げを20秒間繰り返す。最後、かかとは床につかないように。

Point

上半身が揺れないように気をつけよう！

12DAY

4

スクワットをする

TIME 20秒 ▷ 休憩 10秒

肩幅よりちょっと広く脚を開き、両腕を胸の前で組む。みぞおちからおへそまで伸ばしておく。

そのままの体勢でお尻を突き出すイメージで、腰を下ろせるところまで下ろす。20秒間繰り返す。

Point

お腹は伸ばしたまま
スクワットしよう!
お腹がへこむよ!

難易度　初級　中級　上級

5

TIME 20秒 ▷ 休憩 10秒

マウンテンクライマーをする

両手で体を支えるようにして、両脚を伸ばす。太ももで胸を蹴るイメージで、片脚ずつ交互に上げていく。お尻を落とさないようにしっかり引き上げて！　20秒間繰り返す。

⇩

Point

お尻を
落とさないように！

12DAY

6

TIME 20秒

バーピーをする

立った状態から素早くしゃがむ。そのまま両脚を後ろに伸ばして、ジャンプする。ジャンプのときは体が一直線になるようなイメージで。一連の動作を20秒間繰り返す。

難易度　初級　中級　上級

13DAY

動画は
ここでCHECK!

今日の目標！

お腹まわりをシェイプ

お腹ヤセを徹底して行うプログラムです。全体を通してお腹にグッと力を入れて、力が入っていることを感じながら行いましょう。お腹まわりがすっきりしてきます！

EXERCISE START

1 リズミカルにひじをつく

TIME 20秒 ▷ 休憩 10秒

両手で体を支えた状態で脚を伸ばしてハイプランクの姿勢に。このとき背面が一直線になるように意識して。

そのままの姿勢で、左ひじをつく。

右ひじもつき、両ひじで体を支える姿勢をとる。

右腕を伸ばし、さらに左腕も伸ばし、元の姿勢に。20秒間リズミカルにこの動作を繰り返す。

10秒休憩したら、左右入れ替えて同様に

2

プランクから お尻を動かす

TIME 20秒 ▷ 休憩 10秒

両ひじで体を支えて脚を伸ばし、プランクのポーズをとる。お尻を左右に振っていく。肩を固定しながら動きましょう。20秒間繰り返して。

難易度　初級　中級　上級

3
プランクから左右ステップ

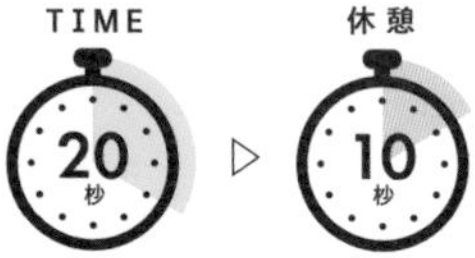

プランクの体勢から脚を1歩ずつ左右にズラす。お腹に力を入れて、20秒間交互に繰り返す。動かさないほうの腕と脚でふんばって体の軸がブレないように。

13DAY

4
ワイドスクワットをする

TIME 20秒 ▽ 休憩 10秒

肩幅の1.8倍くらいを目安に脚を開き、両腕を組んで立つ。少しお尻を落とす。

お腹を縦に伸ばした状態でお尻を真下に下ろし、そのまま腰を上げて元の姿勢へ。お尻の上げ下げは上下3cmの幅を目安にするとより効果的！　20秒間繰り返す。

5
肩にタッチ

TIME 20秒 ▷ 休憩 10秒

ハイプランクの体勢から右脚を上げる。脚はお尻からぐいっと上げるように意識して。左手を右の肩にタッチして20秒キープ。

10秒休憩したら、左右入れ替えて同様に

難易度　初級　中級　上級

6

サイドプランクをして脚を開く

TIME 20秒 ▷ 休憩 10秒

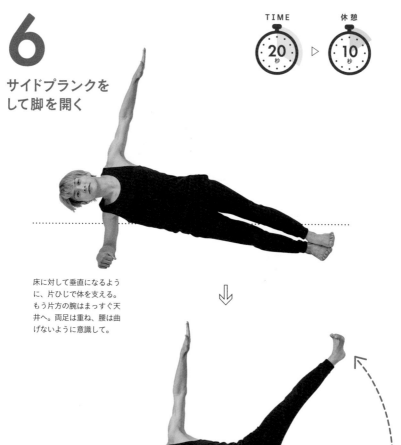

床に対して垂直になるように、片ひじで体を支える。もう片方の腕はまっすぐ天井へ。両足は重ね、腰は曲げないように意識して。

⇩

サイドプランクの状態から、脚を大きく開く。開いて閉じるを20秒間繰り返す。この動作のとき、前にも後ろにも体がブレないように注意！

Point

体が前後に動かないように

10秒休憩したら、左右入れ替えて同様に

13DAY

7

仰向けで体を支えて脚を交互に上げる

TIME 20秒

体の後ろ側に両手をついて体を支え、腰を上げ頭からかかとまで一直線に。左右交互に20秒間脚を上げていく。

難易度　初級　中級　上級

動画は
ここでCHECK!

14DAY

今日の目標！

全身を動かして仕上げる！

最終日は、ベーシックな運動を組み合わせて
全身をくまなく動かすプログラム。汗をたくさん
かきながら14日間の思いをトレーニングで表現しましょう！

14日間プログラム

EXERCISE START

1 オーバーヘッドスクワットをする

足幅を肩幅より少し広めに開き、両腕を頭上に上げて立つ。このほうが通常のスクワットより負荷がかかる！

お腹は縦長の状態で垂直にお尻を下ろし、姿勢を崩さずに立ち上がる。20秒間繰り返して。

TIME 20秒
▽
休憩 10秒

Point
お尻を下ろしたときも
お腹が縦に長い
状態をキープして

2

オーバーヘッド ワイドスクワットをする

TIME
20秒
▽
休憩
10秒

足幅を広めに開き、ワイドスクワットの体勢に。両腕を真上に上げて立ち、負荷を強めて。

⇩

お腹は縦長の状態で垂直にお尻を下ろし、姿勢を崩さずに立ち上がる。内ももが伸びているのを感じながら20秒間繰り返して。

難易度　初級　中級　上級

TIME 20秒 ▷ 休憩 10秒

3

一番キツイところでキープ

仰向けの状態で寝て、両手は体の横にセット。脚を1回上げて一番キツイところで20秒間キープ。お腹を固めるように力を入れて、おへそを見ながらできたらベスト！

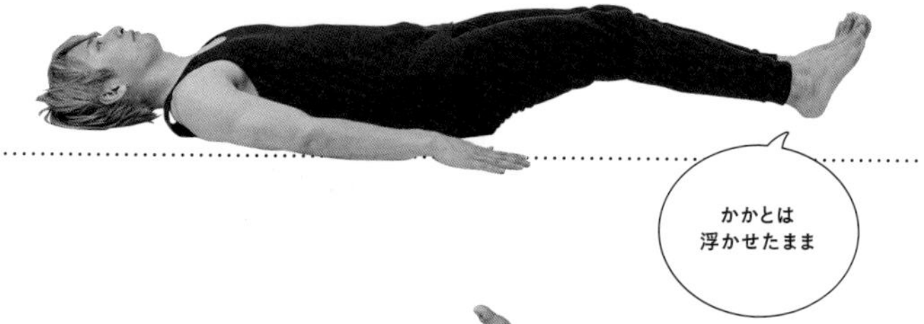

4

片脚ずつ上げる

両肩を床から離して仰向けに寝る。脚が床につかないように少し浮かせ、片脚ずつ交互に上げ下げ。下げている脚のかかとは常に少し浮かせて。20秒間繰り返す。

TIME 20秒 ▽ 休憩 10秒

14日間プログラム

5
レッグレイズをする

TIME 20秒 ▷ 休憩 10秒

仰向けに寝て、脚を伸ばし、両肩は床から上げておく。

⇩

脚を上げていき、ひざ下が床と垂直になるまで持ち上げる。下げるときは脚を遠くに伸ばすように、ゆっくりと。20秒間上げ下げを繰り返す。

Point

**かかとは床に
つかないように
気をつけよう！**

難易度　初級　中級　上級

6

横になり、頭を上げ下げ

TIME 20秒 ▷ 休憩 10秒

横に寝て、下側の手はまっすぐ前に伸ばしておく。ひざは少し曲げて、もう片方の手は頭の後ろにセット。

⇩

起き上がったときに脇腹に力が入っていることを感じられたらグッド！この動きを20秒間繰り返す。

10秒休憩したら、左右入れ替えて同様に

14DAY

7
脚を引き寄せて伸ばす

TIME 20秒

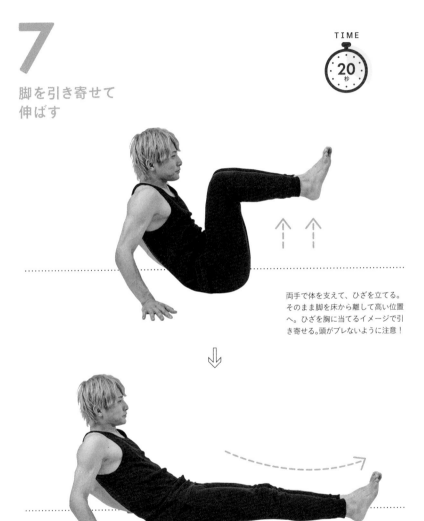

両手で体を支えて、ひざを立てる。そのまま脚を床から離して高い位置へ。ひざを胸に当てるイメージで引き寄せる。頭がブレないように注意！

⇩

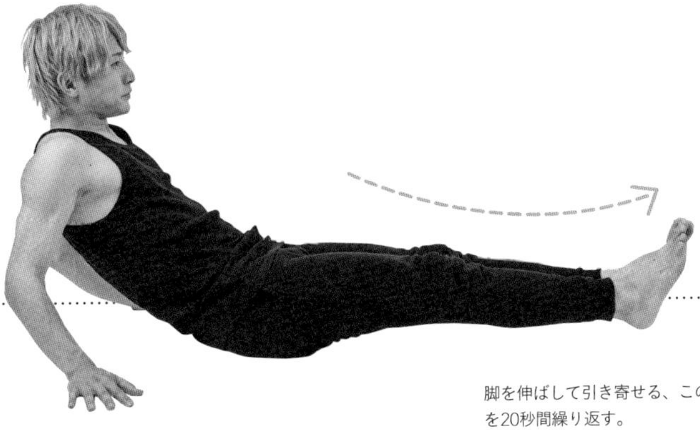

脚を伸ばして引き寄せる、この動きを20秒間繰り返す。

＼ エクササイズのあとは! ／

静的ストレッチをしよう

動画は
ここでCHECK!

静的ストレッチの目的はクールダウン。疲労回復や血行改善のために体を伸ばすストレッチを取り入れています。筋トレのあとで疲れているので、あまり負荷はかけずにしっかり伸ばし、リラックスを促すストレッチです。

1

TIME 30秒

反対側も同様に

床に座り、片脚を伸ばしてもう片方の脚を曲げて、上体を後ろにそらす。できる人はそのまま仰向けに倒れ切ってOK。

2

反対側も同様に

TIME 30秒

床に座り、開脚のポーズをとる。片脚を曲げて脚のつけ根につけ、そのまま上体を前に倒す。できるところまで倒して。

Point

深呼吸をしながら
リラックスして行う!

3

TIME
30秒

あぐらをかいて座り、胸を張る。両腕をまっすぐ上げ、体の後ろ側で片方の腕を曲げる。もう片方の手で曲げたほうのひじをつかんで、つかんでいる方向に引っ張る。

反対側も同様に

4

TIME
30秒

足の裏を合わせて、ひざを下げていく。この状態で上体を前へ倒し、緊張した股関節をゆるめる。

5

TIME
30秒

うつ伏せに寝て、両手をついて上体を起こす。目線を天井に向けながら、腹筋を伸ばす。

Diet Column 1

体験者に聞いたリアルコメントを大公開

私たち、『見た目リセット

体験者 **美希**さん

Before

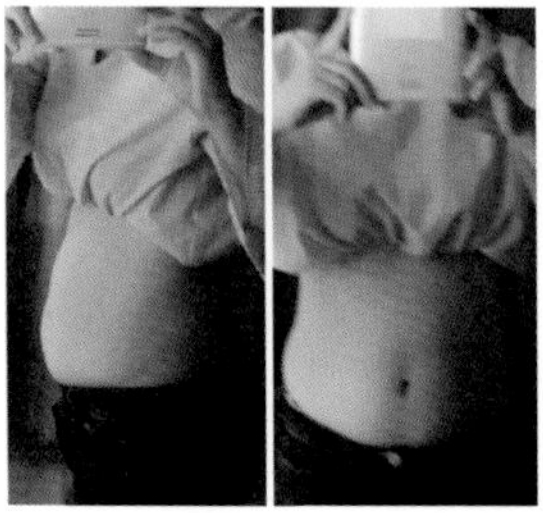

After

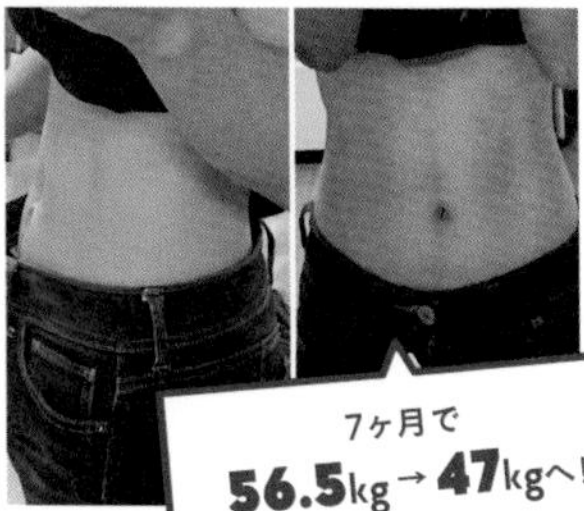

7ヶ月で
56.5kg→**47**kgへ!

『たろさんとcrew（ダイエット仲間）のお陰で**運動習慣が身について、運動も大事だなって思えるよう**になりました。**周りから「何でそんなにヤセたの?」**っていわれたときに、はっきり「たろにぃってYouTuberさんと筋トレしてるから」っていっています。本当に感謝しています。』

体験者 **ゆみぷ～**さん

Before

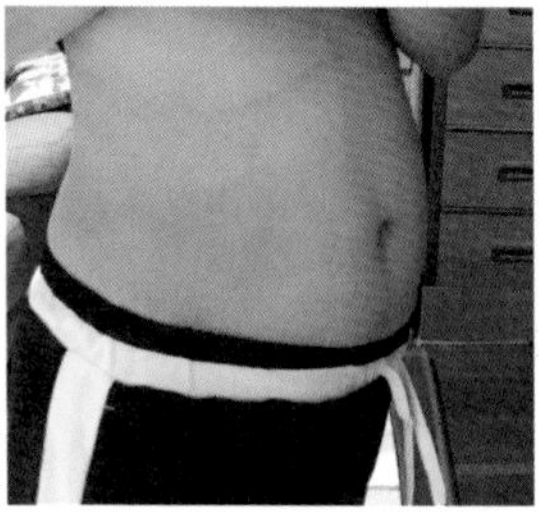

After

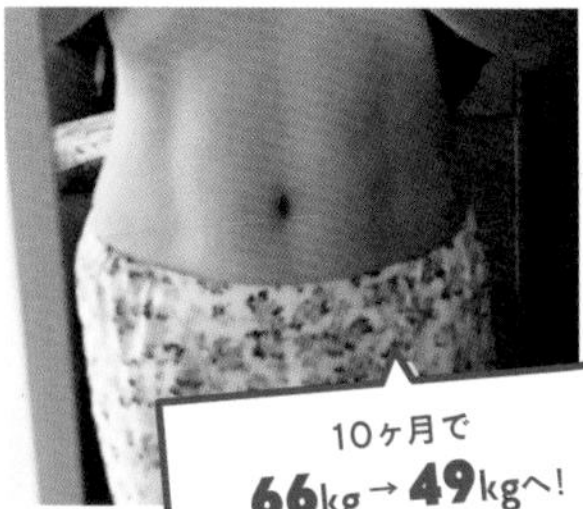

10ヶ月で
66kg→**49**kgへ!

『たろにぃ目当ての不純な動機で始めたけど、**気付けば17kg減!** 信じてよかった! **以前はサイズが合うものをただ着てただけ。**それがなんでも着れるようになっておしゃれが楽しい。年齢的に諦めていたし、今まで長続きしなかったけど、たろにぃのトレーニングは最高です!』

ダイエット」しました！

体験者
ゆずねこさん

Before

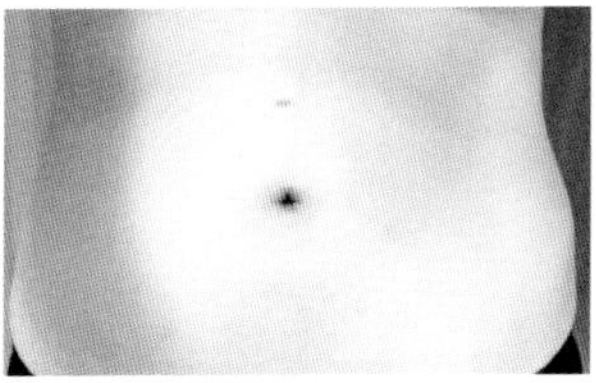

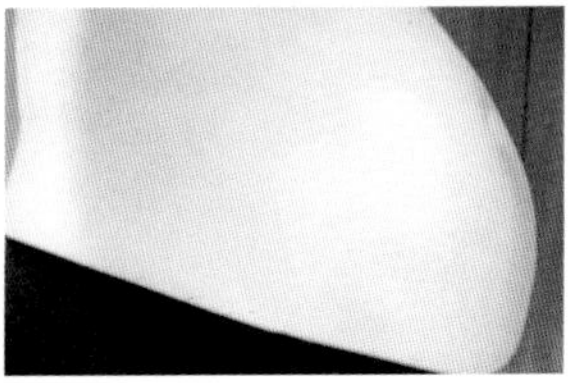

⇩

After

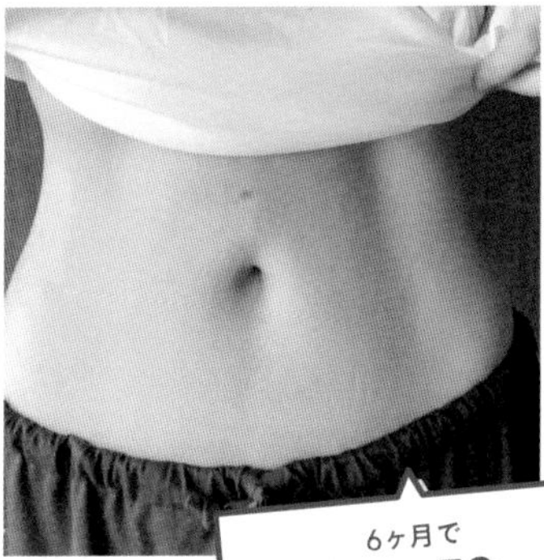

6ヶ月で
65.6kg→**58**kgへ！

『軽い気持ちでたろにぃのYouTube動画で運動を始めましたが、**初心者にもわかりやすいし楽しく継続できました。**毎日毎日イケメンたろにぃと一緒に続けていたら、少しずつ**体重も見た目も変化してぽっこりお腹とサヨナラできました。**私は身長が170㎝くらいありますが、体重が50kg台になったのがうれしいです！　たろにぃ、ありがとうございます！』

Diet Column 2

体づくり期の食事をキャッチ！

たろにぃのリアル食事日記

ざっくり
盛り付け！

朝 (BREAKFAST)

・サラダ
・たまごサンド
・ゆでたまご
・ささみ（ブラックペッパー味）
・バナナ

昼 (LUNCH)

・ケンタッキーの
フライドチキン

体づくり期は
タンパク質＞揚げ物
重視で！

夜 (DINNER)

※2食食べることもあります！

・ハンバーグ
・ゆでたまご
・ささみのわさび醤油和え
・ささみとキャベツのとんぺい焼き

Taronii's Comment

積極的に体重を増やして鍛えたい時期は、1日4食食べています。大体1年のうちの秋から冬にかけてが「体づくり期」になります。食事の中で気をつけていることは、タンパク質をとること。体重×3g分のタンパク質をとることを心がけ、それ以外は自由に食べています！

ダイエット期のたろにぃレシピ

Let's Cooking

1 お皿にオートミールを30g入れる

2 プロテインを1スクープ入れる

3 牛乳80mℓを加える

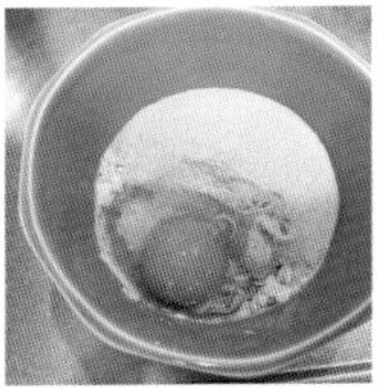

4 たまごを割り入れる

ダイエット期にいつも食べてるオートミールケーキレシピ!

5

材料をすべてお皿の中で混ぜて、電子レンジで2分半加熱。お好みでココアパウダーとケーキシロップをかけて完成!

Taronii's Comment

年明けから夏にかけてが、ダイエット期。YouTubeでみんなと一緒にダイエットして夏に目標体重になるようにがんばります! そんなダイエット期の食事では、オートミールをよく食べます。このレシピだと、ちょっと固めなケーキみたいな感じで、毎日でも食べられる! バナナを入れたりして味変することもあります。ダイエット期間中は、14時〜22時の間しか食事をしないようにしているので、昼と夜しか食べません。1日の中で16時間食べず、プチ断食するようにしています。

Diet Column 3

ダイエットにも効果あり！

たろにぃの「好物」を教えて！

1

日々の暮らしに コーヒーは欠かせない！

ネスカフェのバリスタを愛用しています。いつでもおいしい1杯を飲めるのが魅力。出先でもコーヒーを買うことが多いです。ノンシュガーならカロリーも気にしないで飲めていいですね。

2

週1のご褒美スイーツで モチベーションキープ

ダイエットのモチベーションを保つために僕が取り入れているのが、週1回のご褒美スイーツ。コンビニのデザートコーナーから、好きなものを1つ選んでいいというルールにしていて、毎週1回シュークリームとかエクレアとか食べています。週に1回しか食べないけど、それだけで気分よくダイエットを続けられます！

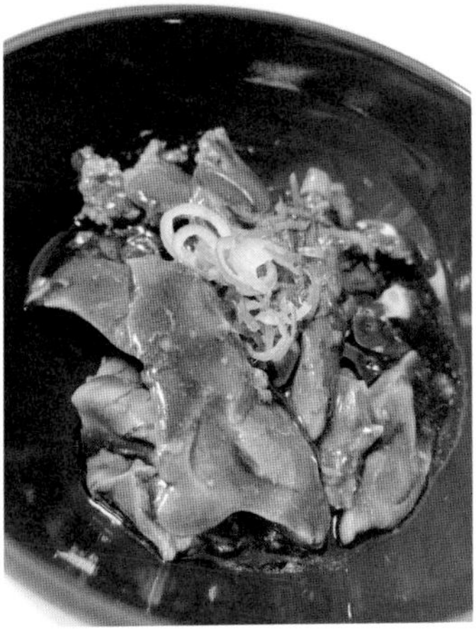

3

やっぱり肉が好き!

タンパク質がとれるので、やっぱり肉が好きです。僕の食事にささみはつきもので、ささみを茹でてほぐして小分けにして、冷凍保存しています。レンジでチンしてすぐ食べられるので、ラクです。ささみに納豆をのせたものやささみをトッピングしたサラダは、朝食によく食べます（写真上）。他のものだと、特に内臓系が好きで、精肉店から鶏レバーを2kg買ってきて、低温調理したりします（写真左）。

大事なのは レプチン

レプチンは食欲を抑える効果のあるホルモン。筋肉をほぐすことで血行がよくなり、代謝が上がります。そうすると睡眠の質がよくなり、レプチンが大量に分泌されます。運動と睡眠をしっかりとり、レプチンを分泌させることを意識しましょう。その上でいいバランスの食事をとっていくと体が整っていきます！

Diet Column 4

プライベートをちょっとのぞき見！

たろにぃ愛用アイテム

ITEM 01

プロテイン＆プロテインシェイカー

僕が毎日飲んでいるプロテインはこちら。もともとプロテインの味が苦手だったのですが、これはすごくおいしい！　ベリー味がおいしくて、もう4年くらいこれだけを飲み続けています。プロテインを飲むときに使っているのが、GRONのプロテインシェイカー。ガラス製の見た目が可愛くて、キッチンにさりげなく置いてもちょっとおしゃれな感じもするし、お気に入りです。

ITEM 02

ヨガマット

トレーニングに入るまでのアクション数が多くなるとやらなくなるので、なるべくトレーニングに特別感を持たせないようにしています。そんな僕がトレーニングする際に必須だと思っているのが、ヨガマット。運動へのモチベーションも高めてくれ、この上に立つと運動する気が湧きます（笑）。硬い床の上だと体を痛めてしまうかもしれないので、ヨガマットは必ず使っています。

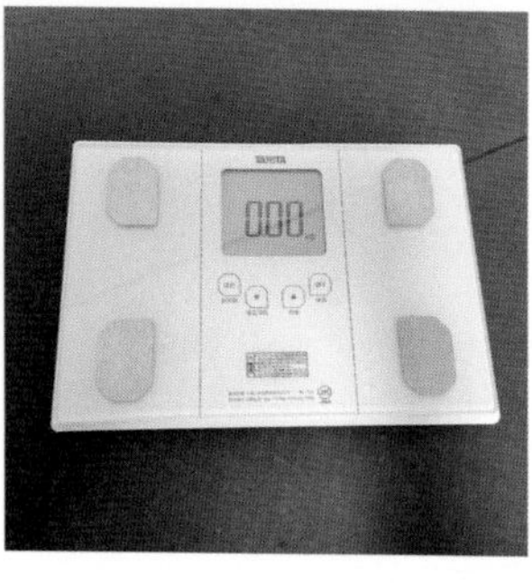

ITEM 03

体組成計

ダイエットする上で、体組成計も必要です。タニタの体組成計は体重が50g単位で表示され、さらに筋肉量、体脂肪率、BMIなど測定項目が充実しているのがポイント。体の状況がこれでひと目でわかるので、毎日の測定に使っています。体重測定の習慣をつける意味でも、正確に測れる体組成計を持つことはおすすめです！

Collection

ITEM 04

パック＆保湿アイテム

肌が乾燥しやすいので、パックや保湿アイテムは必須です。普段、僕が使っている朝晩のスキンケアアイテムをピックアップしました。かなりのめんどくさがり屋なので（笑）、手軽に保湿できるパックやオールインワンのアイテムを選ぶことが多いです。シカペア リカバー(ドクタージャルト)は、スキンケア効果もある下地なので、これ1つで肌もキレイに見せられるのがいいですね。

ITEM 05

お気に入りの香水

YouTubeを始めたと同時くらいに使い始めた香水。今でも使い続けています！　さわやかでクールな感じの香りも好きだし、この香水をつけると気分が上がってトレーニングのモチベーションも上がるので、これも僕のマストアイテムですね。

Diet Column 5

普段は話さないようなことを聞いちゃいます！

たろにぃの素顔に

Q. トレーニングプログラムはいつ考えてる？

A. 基本的にトレーニングは雑誌やYouTubeを見て考えています。いろんな動画の中からやりやすい順番などを考えてやりやすい時間設定で作ります！　ダイエット習慣などは論文などを見て、続けやすく効果が高かったものなどを紹介しています。

Q. YouTuberになってなかったら何やってた？

A. 「YouTuberになってなかったら……」という想像をしたことがなかったのですが、バス釣りが好きなのでそういう関係の仕事をしてたかなぁって思っています。

Q. 尊敬する人は？

A. GACKTさんです！　いつまでもかっこよく自分に対してストイックで憧れの存在です！　筋トレを始めたときの理想がGACKTさんのような体。一番かっこいいと思うGACKTさんの写真をスマホの待ち受けにしていたほどです。

Q. トレーニングをしたくないときってある？そういうときどうする？

A. もちろんあります！　トレーニングをしたくないときはしたくないとき用のメニューをやっています。時間が取れないときは5分で終わるストレッチだけとか、腕立て伏せを10回だけやるとか、本当に簡単なことしかやりません！　やりたくないときに無理やりやると、動きも悪くなるし何より精神衛生上悪いので無理はしません。

迫るQ&A

Q. 自分の部屋のご自慢ポイントは？

A. ピカチュウですね！　これは誕生日のお祝いに視聴者さんからもらってすごく気に入っています！　埃がすごくたまるのでこまめにお掃除しています。

Q. 今、興味のあることは？（orハマっていることは？）

A. キックボクシングです！　もともと格闘技が好きでK1などを観戦しに行っていたのですが、自分でもやりたくなって始めました。思っていた以上に楽しくて試合にも出たいと思っています！

Q. 家のピカチュウは何個ある？

A. 今も更新中ですが小さいものも合わせると34個です！

Q. これがないと生きていけないというものは？

A. パソコンです！　起きてる時間の8割くらいはパソコンで作業しているので、なくなると生きていけないと思います。

Q. 今、一番欲しいものは何ですか？

A. プロテインですね。今は体を鍛えて大きくしたいと考えているのでプロテインの消費が激しいですw　つい買っちゃいます！

Q. 今後の目標は？

A. 僕の目標は健康で世界を変えること。だから、YouTube動画にも字幕を入れて海外のたくさんの人にも届くといいなって思っています。

おわりに

最後まで読んでいただき、ありがとうございました。

僕はダイエットは自分自身の体型や健康や人生を

大きく変えることのできる素晴らしいものだと思っています。

太ったからやらなければいけないのではなく、**未来の自分を**

健康でキレイにしてあげるためにやってみましょう。

はじめからキツイ食事制限や汗だくになるまで運動する必要はありません。

僕も何度も失敗して今の自分に合ったダイエットを見つけ、

今は運動も食事も楽しんでダイエットに取り組んでいます。

継続は連続とは違います。**毎日できなくてもいいですし、**

1日置きでもいいと思います。

僕はこれからみなさんの心強いダイエット仲間になれるように

活動していくので「やってみようかな？」って思ったときはぜひ、

YouTube やインスタで『たろにぃ 』と検索して遊びにきてください！

僕の公式チャンネルにはそんなあなたを応援する仲間がたくさんいます。

1 年後、3 年後、10 年後の体型と健康と人生を変えるために

一緒にがんばりましょう！

見た目は努力が9割

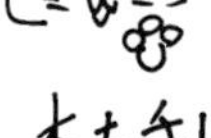

TARonii

本を手にとってくださり
ありがとうございます。

T★CREW
YOU ONLY FAIL WHEN YOU STOP TRYING.

Special Thanks

たろにぃさん初著書制作を応援してくれたみなさん

本書籍を制作する際に、サポートしてくれた全151名のお名前をご紹介します。
みなさん、ご協力本当にありがとうございました！

愛するクンちゃんへ
久保俊貴
草皆征悟
かえで
IZUMI
りりえん
☆Risa☆
まいちゃん
やぶこ
HIROKO
まさと
まさこ
岩下脩
川原　美穂
みゆき　京都
くみっくま
りゆりゆ
ともにゃん
HAMA YOU
有末子
沢田 陽子
yuka
小寺健太
けみいご
志織
淺沼晶代
高橋伸江
山河美和
原田 れい子
☆ヒデカズ☆
よこちゃ
HIRO.K.KHS
ともえ

さいちゃん
池屋瑛（イケヤテル）
森野琴子
KUMIKO
あやな
居酒屋俺ん家
Anya
小佐野めぐみ
真子
久遠さつき
繭子
MAIKA
滝沢絵里奈
多和田英典
タムラマミ
たろにぃ初書
ゆうのすけ
ケンちゃんママ
山口洋一
ろんろん♡
柳田有秀
二階堂　佳代
emi83_h🐈💕
岡崎　亜美
友美
シズ
川上友護
きよちゃん
吉田雅子mako❤y
河原井匡子
武村♡恵美
かじわらゆきこ
松井ひろみ

たいすけぽん☆
大川操💝❤
ようこ😉✨
💠💕　ますみ　💕💠💖
ともやんやん棒
☆★☆アイリス☆★☆
えりか
広瀬祐子
りっくん
のぶしゃん
Kaoru.Eno
古田　大知
Camellia
あずまま
Yukko
光次郎
後藤利江
@saa916♡♡♡
ぼっさん😊□♡
MaYa🐸T.89
美希
じゅん@
河添太郎
Noel.t
工藤恭平☆青森キョン
🍀きょん🌕‼
noriはやしのりこ
鳴島めぐみ
紀代美
たろにぃ♡
♡Mihochan♡
さとぴょん道子
Reiko
桂理恵
ももりヒーリング
のりちゃん
曽我美和子
こっこ
みかん/T-crew
内田敏枝（とったん）
MAYUMI
うぃーばーかおり
Ritsuko.K

伊藤和美
さやか
石川一美
ダヤンマム
たろにぃ～笠松会長へ
タロ君～久美子さんへ
タロ君～彩乃ちゃんへ
加藤弘美／ひろみ
鈴木久美子/くみママ
三浦美里（みいこ）
相葉由岐子
早香
いしいぱるこ
幸(みゆ)ちゃんへ
シナシナ
kameru…かおり
mariko
ふらいえび❤
都築伸恵
Miho.Taro❤
比留間千恵 ﾇﾒｯﾄ
有村菜穂美（なっち）
yuzuneko
Rin & Kao
『たんたん』
香奈(Kana)
浅野真理
ひとみさん
hachi
junjun
石川清美
kaori
川井喜代美
大江万里
柴田奈々ゑ
中村由美(ゆみぷ～)
藤平　多花子
yuri
すみだゆうこ
SUI
RiCHi
たろにぃ&クレメア

たろにぃ
フィットネス、ダイエット系のイケメンYouTuber、ダイエットアドバイザー。チャンネル登録者数は25万人を超える。元々食べることが好きで、社会人1年目にオーバーカロリーの食事を続けた結果、急激に太ってしまいダイエットを開始。1年で12㎏の減量に成功する。ダイエットの過程で学んだことを最初は記録用にYouTubeにアップしていたが、今では家で誰でも簡単にできるストレッチやトレーニング動画を毎日配信し、多くのダイエットざせつ女子たちの体づくりをサポート。自称「みんなのダイエット仲間」。

YouTube：たろにぃ-見た目リセットダイエット
Instagram: @tarootv
Twitter: @bodymaketv

監修：脇田 行（わきた いく）
パーソナルトレーナー。千葉県出身。広島市で完全予約制のトレーニングジム「ikuトレ」を運営。マンツーマンでのトレーニング指導時は、初心者でも上級者でも平等に正しく理解でき、意思のズレが起こらないわかりやすい表現、伝え方を徹底。全国で出張トレーニングやセミナーを行い、顧客は1300人を超える。自身のインスタグラムで毎日提案している「トレーニング動画」は、そのバリエーションの豊富さで人気。

Instagram: @iku.tore
Twitter: @iku_tore

1%《いちぱーせんと》のやる気《き》があれば今《いま》すぐ始《はじ》められる!

見《み》た目《め》リセットダイエット

2021年11月25日　初版発行

著者／たろにぃ

監修／脇《わき》田《た》 行《いく》

発行者／青柳昌行

発行／株式会社KADOKAWA
〒102-8177　東京都千代田区富士見2-13-3
電話 0570-002-301（ナビダイヤル）

印刷所／大日本印刷株式会社

●お問い合わせ
https://www.kadokawa.co.jp/（「お問い合わせ」へお進みください）
※内容によっては、お答えできない場合があります。
※サポートは日本国内のみとさせていただきます。
※Japanese text only

定価はカバーに表示してあります。

ISBN 978-4-04-605467-8　C0077